Martin Bellermann

Sozialpolitik

Eine Einführung für
soziale Berufe

Martin Bellermann

# Sozialpolitik

## Eine Einführung für soziale Berufe

Lambertus

Dr. Martin Bellermann ist Professor an der Evangelischen Fachhochschule Rheinland-Westfalen-Lippe und lehrt dort das Fach „Politische Wissenschaft einschließlich Sozialpolitik".

CIP-Titelaufnahme der Deutschen Bibliothek

Bellermann, Martin:
Sozialpolitik: eine Einführung für soziale Berufe / Martin Bellermann. – Freiburg im Breisgau: Lambertus, 1990
ISBN 3-7841-0468-1

Alle Rechte vorbehalten
© 1990, Lambertus-Verlag, Freiburg im Breisgau
Umschlaggestaltung: Christa Berger, Solingen
Umschlagfoto: Christoph Maas, Solingen
Herstellung: Franz X. Stückle, Ettenheim
ISBN 3-7841-0468-1

# Inhalt

| | |
|---|---|
| 7 | Einleitung |
| 9 | 1. Kapitel<br>Offen und fest zugleich:<br>Sozialstaat Bundesrepublik Deutschland |
| 16 | 2. Kapitel<br>„Sozial" sind wir alle – zwei Paradigmen und die Folgen |
| 34 | 3. Kapitel<br>Nichts ohne den Staat: Zu Entstehung und Entwicklung<br>der Sozialpolitik in Deutschland |
| 44 | 4. Kapitel<br>Wir sind ja so sozial – die Sozialleistungen im Überblick |
| 51 | 5. Kapitel<br>Verteilung von Geld –<br>drei Prinzipien sorgen für<br>Unterschiede |
| 57 | 6. Kapitel<br>Krankheit, Unfall, Alter, Arbeitslosigkeit –<br>Einführung in die Sozialversicherung |
| 82 | 7. Kapitel<br>Die Versorgungsleistungen –<br>für jeden etwas aus der Staatsschatulle |
| 91 | 8. Kapitel<br>Fürsorgeleistungen – Sozial- und Jugendhilfe<br>als letzte Hilfen im sozialen Netz |

# Inhalt

| | |
|---|---|
| 112 | 9. Kapitel<br>Soziale Dienstleistungen –<br>das Feld für die sozialen Berufe |
| 122 | 10. Kapitel<br>Soziale Rechte –<br>Schutz und Mitbestimmung für die Schwachen? |
| 135 | Literatur |

# Einleitung

Es gab zwei Anlässe, dieses kleine Buch zu schreiben: Zum einen waren es meine aufgrund von Personalknappheit und steigenden Studentenzahlen voller werdenden und schließlich überfüllten Lehrveranstaltungen im Fach Politikwissenschaft an der Evangelischen Fachhochschule Rheinland-Westfalen-Lippe in Bochum seit etwa 1986. Es sollte in diesen Veranstaltungen zum Thema „Einführung in die Sozialpolitik" nicht nur darauf ankommen, die wichtigsten Fakten und Sachgehalte der Sozialpolitik zu vermitteln, sondern auch Probleme, Tendenzen, Hintergründe und Sichtweisen zur Sprache zu bringen und mit den Teilnehmern/-innen zu diskutieren. Die überfüllten Seminare ließen ein wirkliches Diskutieren fast nicht möglich erscheinen, und deshalb sah ich mich gezwungen, den Stoff zunehmend in Form von Vorlesungen zu vermitteln. Weil aber immer wieder Diskussionsbedarf angemeldet wurde, begann ich, die einzelnen Abschnitte meiner Vorträge aufzuschreiben und den Teilnehmern/-innen als Lektüre zu empfehlen. So wurden aufgrund der Lektüre Diskussionen wieder möglich, wovon auch intensiv Gebrauch gemacht wurde. Davon profitierten nicht nur die Studenten/-innen, sondern immer auch ich als Lehrender. Dafür möchte ich den Studierenden Dank sagen.

Zum anderen war natürlich die Sozialpolitik und der seit 1982 gefahrene sozialpolitische Kurs selbst Anlaß zum Schreiben dieses Einführungsbuches. Weniger die als „Sozialabbau" bezeichnete Kürzungs- und Kostenersparnispolitik als vielmehr das Einsetzen neuer Elemente im familienpolitischen und auch im Bereich der Gesundheitspolitik in den „Flickenteppich" Sozialstaat Bundesrepublik Deutschland waren für die Studierenden verwirrend und ließen den Wunsch nach einer systematisierten Einführung aufkommen. Da man aber nicht systematisieren soll, was nicht systematisierbar ist, kann ich diesem Wunsch, der ja auf eine sichere Orientierung im Knotennetz „Sozialpolitik" abzielt, mit diesem Buch nur sehr sehr bedingt nachkommen. Die Publikation wird zwar von den Systematisierungskategorien „Recht – Geld/Sachen – Diensten" und weiter nach „Versicherungs-, Versorgungs- und Fürsorgeleistungen" strukturiert. Diese Unterscheidungen werden aber – genauso wie die beiden stark vereinfachten sozialen Paradigmen im 2. Kapitel (S. 16ff.) – nur als Zugänge, nicht aber als abgrenzbare Charakteristika verwendet. So bleiben hier im Buch die einzelnen Leistungen doch weitgehend als eigene „Systeme" mit Mischmerkmalen stehen neben anderen, genauso wie im realen Sozialstaat, der durch die anstehende Vereinigung der beiden deutschen Staaten künftig wohl eher noch unübersichtlicher sein wird.

Diese Einführung beschränkt sich im wesentlichen auf die soziale Sicherung. Sie geht nur am Rande auf die sozialen Bewegungen, die Formen der sozialpolitischen Auseinandersetzungen und des „Sozialpolitik-Machens" oder die Wirkungen sozialer Politik ein.

Düsseldorf, Mai 1990                                          Martin Bellermann

# 1. Kapitel
# Offen und fest zugleich: Sozialstaat Bundesrepublik Deutschland

So allgegenwärtig wie die Bezeichnung „Sozialstaat" ist, so schwierig ist es, genauer zu kennzeichnen, was seine Charakteristika sind, seine Qualität und Geltung.

In der Bundesrepublik Deutschland ist es üblich, daß Staatsrechtler, Sozialwissenschaftler, Politiker oder soziale Arbeiter/-innen bei ähnlich komplexen und schwer zu fassenden Phänomenen der politischen Kultur, zum Beispiel bei der Frage, was Demokratie oder Menschenrechte sind, Rat und Orientierung im Grundgesetz (GG) suchen. Anders als etwa bei dem Begriff „Demokratie" gibt es aber im Falle „Sozialstaat" keine nähere Bestimmung, nicht einmal eine grobe Orientierung; das Wort „Sozialstaat" kommt im Grundgesetz gar nicht vor, geschweige denn eine nähere Bestimmung seines Inhalts. Es heißt dort im Artikel 20, Absatz 1 nur ganz lapidar: „Die Bundesrepublik Deutschland ist ein demokratischer und sozialer Bundesstaat"; und im Artikel 28, Absatz 1, daß sie ein „sozialer Rechtsstaat" sei.

*Sozialstaat im Grundgesetz (Art. 20, 1; Art. 28, 1)*

In der staatsrechtlichen, sozialethischen und sozialwissenschaftlichen Literatur werden diese Passagen je nach Standpunkt als „Sozialstaatsgrundsatz", „Sozialstaatsklausel" oder „Sozialstaatspostulat" bezeichnet. Man ist sich also durchaus nicht einig, ob der Artikel 20, Absatz 1 besagt, die Bundesrepublik sei ein Sozialstaat oder (auch) sie habe einer zu sein oder gar erst zu werden!

Wer die Meinung vertritt, es handele sich um die Festschreibung eines Zustands, wird dem weiteren Ausbau des Sozialstaats weniger politische Priorität beimessen als derjenige, der meint, es handele sich beim Artikel 20, Absatz 1 in erster Linie um einen Anspruch, der erst zu erfüllen sei.

Besonders die im Artikel 28, Absatz 1 gewählte Formel vom „sozialen Rechtsstaat" gibt denjenigen Argumente in die Hand, die der Auffassung sind, die Bundesrepublik sei bereits ein voll entwickelter

*Rechtsstaat und Sozialstaat*

Sozialstaat, und zwar handele es sich bei der Sozialstaatsklausel um eine Bestandsgarantie und nicht um ein Postulat, denn – erstens – der Rechtsstaat sei ja auch schon verwirklicht.

Als unverzichtbare Merkmale des Rechtsstaats werden neben der Gewährung von bürgerlichen Freiheitsrechten die Garantie der Gleichheit vor dem Gesetz, die politische Gewaltenteilung und die Gewähr der formalen sowie materialen Rechtmäßigkeit staatlichen Handelns angesehen. Gesetzgebung und -ausführung müssen formal gesetzmäßig verlaufen und darüber hinaus – material – dem Grundsatz der Gerechtigkeit (Billigkeit) entsprechen.

Damit sei – zweitens – dem Sozialstaat ein Gegenüber beigegeben. Man dürfe um der allgemeinen Gerechtigkeit willen zum Beispiel nur dann und insoweit soziale Hilfen gewähren, wie beziehungsweise wenn wirkliche Notfälle vorlägen (vgl. Scheuner 1968: 462f.).
Aber auch die Frage, wie sich Rechtsstaat und Sozialstaat laut Grundgesetz zueinander verhalten, wird kontrovers diskutiert. Es muß keine duale Beziehung sein, wie die oben skizzierte immer noch vorherrschende Argumentation meint. Man kann darin auch, wie etwa Wolfgang Abendroth, eine dialektische Beziehung erblicken (Abendroth 1954). Rechtsstaat und Sozialstaat haben sich danach in ihren Entwicklungsfortschritten wechselseitig zu ergänzen.

fehlendes Sozialstaatsmodell im GG

Im Hinblick auf die Sozialstaatsklausel ist man sich jedoch darin einig, daß der Grundgesetzgeber nicht festlegen wollte und konnte, welchen Typ, Umfang oder Charakter der Sozialstaat der Bundesrepublik haben sollte. So gibt es kein vom Grundgesetz präjudiziertes Sozialstaatsmodell, auch keine sozialen Grundrechte wie „Recht auf Wohnen", „Arbeit", „Gesundheitsversorgung", „erträgliche ökologische Grundbedingungen", wie zum Teil noch in der Weimarer Reichsverfassung von 1919 oder in einigen Länderverfassungen (Artikel 24 bis 29 Verfassung von Nordrhein-Westfalen; Artikel 12 oder 19 Verfassung von Berlin-W.).

historischer Hintergrund

Daß der Grundgesetzgeber den Sozialstaatsbegriff unbestimmt gelassen hat, hat historisch-politische Gründe. Im Parlamentarischen Rat, der nach dem Proporz der Länderparlamente zusammengesetzt war und der das Grundgesetz 1948/49 geschaffen hat, waren die Stimmenblöcke der Bürgerlichen und der Linken annähernd gleich stark. Von den 65 Mitgliedern gehörten je 27 der CDU/CSU und der SPD,

5 der FDP und je 2 der KPD, der Deutschen Partei und dem Zentrum an (5 weitere West-Berliner Mitglieder waren nicht stimmberechtigt). In der Frage einer konkreten Sozialstaatsbestimmung hätte nur eine Kampfabstimmung (mit knapper Mehrheit und ungewissen Folgen bei der Ratifizierung des Grundgesetzes durch die Länderparlamente) Klarheit geschaffen. Angesichts des annähernden Patts im Parlamentarischen Rat und der Erwartung eines Wahlsieges bei der ersten Bundestagswahl in beiden Lagern einigte man sich auf die Blankettformel von „sozialen Bundesstaat" im Artikel 20, Absatz 1. Wer die Wahl gewinnen würde, hätte dann die Gelegenheit, sein Sozialstaatsmodell zu verwirklichen und somit den Begriff „Sozialstaat Bundesrepublik Deutschland" de facto zu füllen.

In der Tat gab es in den Hauptparteien beider Lager, bei CDU und SPD, formulierte Grundvorstellungen zum Sozialstaat, die als alternative politische Konzepte konkurrierten.

Die CDU formulierte im Juli 1949 in ihren „Düsseldorfer Leitsätzen" die politische Richtung, die ihr Sozialstaat einschlagen sollte. Unter dem populären Schlagwort „Soziale Marktwirtschaft" verstand sie die „sozialgebundene Verfassung der gewerblichen Wirtschaft" und auf dem sozialpolitischen Gebiet die Förderung des Privateigentums, besonders des selbständigen Mittelstands, Anerkennung des gesellschaftlichen Status quo als „Schutz der natürlichen Rechte und Freiheit der einzelnen und aller Gesellschaftsgruppen", sozialpolitische Korrekturen bei Notlagen, betriebliche Partnerschaft, Solidarprinzip und Erhalt der „gewachsenen" Organisationsstrukturen bei der Sozialversicherung, nachrangige Hilfen durch öffentliche Einrichtungen (vgl. Hartwich 1970: 56 f.). Sozialstaatsmodell der CDU

Die SPD formulierte im August 1949 in ihren „Dürkheimer 16 Punkten" ihr Sozialstaatsmodell: Veränderungen des gesellschaftlichen Status quo in Richtung auf gleiche Lebensbedingungen für alle gesellschaftlichen Gruppen (Eigentums- und Einkommensverhältnisse, Lebenschancen), effektive Mitbestimmung, Gleichrangigkeit von Wirtschafts- und Sozialpolitik, einheitliche Sozialversicherung (vgl. Hartwich: ebd.). Sozialstaatsmodell der SPD

Die Bundestagswahl am 14. August 1949, bei der die CDU/CSU 31 % und die SPD 29,2 % der Stimmen erhielten, brachte in gewisser Hinsicht eine Entscheidung der offenen Sozialstaatsfrage. Die CDU/CSU war nach 1949 genau 20 Jahre lang ohne Unterbrechung die führende Regierungspartei und hat durch faktische Politik (Gesetze u. a.), also außerkonstitutionell, mit beträchtlichem Erfolg, versucht, Realisierung des CDU-Sozialstaatsmodells ab 1949 ihr Sozialstaatsmodell zu realisieren. Während der Zeit der sozialliberalen Koalition 1969 bis 1982 wurde dann – vor allem in den ersten Jahren der „inneren Reformen" – der Versuch unternommen, jetzt das andere Modell, wenigstens in Ansätzen, zu verwirklichen (zum Beispiel das Mitbestimmungsgesetz 1976; siehe 10. Kapitel).

neue Modelle der Grünen
Seit Beginn der 80er Jahre werden im Umkreis der Neuen sozialen Bewegungen, politisch hauptsächlich vertreten durch die GRÜNEN, Umrisse eines dritten Sozialstaatsverständnisses deutlich; dieses scheint auf den „Umbau des Sozialstaates" abzuzielen: Aufhebung der Trennung von Verwaltung (Träger) und Handeln (Betroffene)

---

*Abbildung 1:* Der Präsident des Bundesverfassungsgerichts zur gerichtlichen Auslegung des Sozialstaatsbegriffs

### Herzog: Sozialstaatsbegriff nicht gerichtlich auslegen

**Kassel** (dpa) – Der Präsident des Bundesverfassungsgerichts, Professor Roman Herzog, hat den Gerichten empfohlen, sich bei der Auslegung des Sozialstaatsbegriffs zurückzuhalten. Ein Gericht, das den Sozialstaatsbegriff auslegt, übernehme gleichzeitig die politische Verantwortung dafür und mache die Politiker arbeitslos, sagte Herzog bei der Eröffnung der 20. Richterwoche des Bundessozialgerichts in Kassel. Die Auslegung des Begriffes biete sich für die Rechtsinstanzen nicht an. Herzog machte deutlich, daß das Sozialstaatsprinzip sehr vieldeutig sei. Es reiche von der sozialen Verpflichtung des Eigentums bis hin zur Absicherung von Lebensrisiken. Thema der 20. Richterwoche, die bis zum Donnerstag dauert und an der 260 Richter und mit sozialen Problemen befaßte Fachleute teilnehmen, sind verfassungsrechtliche Aspekte des Sozialrechts.

Aus: Süddeutsche Zeitung vom 19. Oktober 1988

durch selbstverwaltete Projekte, Etablierung einer materiellen Grundversorgung für alle, Entwicklung neuer Formen aktivierender Hilfen (zum Beispiel in den Bereichen „Arbeitslosigkeit", „Frauen" oder „alte Menschen"). Sozialpolitik soll demnach nicht nur auf Umverteilung abzielen, sondern auf die Entwicklung neuer sozialer Lebensmöglichkeiten (vgl. Opielka/Ostner 1987).

Obwohl im Grundgesetz eine genaue Sozialstaatsbestimmung fehlt und der Sozialstaat außerkonstitutionell geformt wurde, gibt es eine Reihe von Artikeln, die sozialpolitisch bedeutsam sind (siehe Dokumentation 1, S. 14ff.). An einschlägigsten dürften die Artikel 14 und 15 sein, einerseits die Garantie von Privateigentum, andererseits die Verpflichtung zur Sozialbindung und die Möglichkeit der Enteignung. Der Sozialisierungsartikel 15 hat immer wieder zu der Frage Anlaß gegeben, ob mit seiner Hilfe eine andere, etwa eine sozialistische Wirtschaftsverfassung aufbaubar wäre.

sozialstaatsrelevante Grundgesetzartikel

**Diskussion**

- Ist das Grundgesetz mit einer sozialistischen Wirtschafts- und Gesellschaftsverfassung vereinbar?
- Wäre es wünschenswert gewesen, bestimmte positive Elemente eines Sozialstaatsmodells oder wenigstens gewisse soziale Grundrechte ins Grundgesetz aufzunehmen?
- Inwiefern sind die Sozialstaatsmodelle von CDU/CSU und SPD miteinander unvereinbar, wo gibt es mögliche Berührungspunkte und inwiefern weichen die GRÜNEN hiervon ab?

## Dokumentation 1

**ARTIKEL DES GRUNDGESETZES, DIE SOZIALPOLITISCH RELEVANT SIND**

### Artikel 2

**[Handlungsfreiheit, Freiheit der Person]**

(1) Jeder hat das Recht auf die freie Entfaltung seiner Persönlichkeit, soweit er nicht die Rechte anderer verletzt und nicht gegen die verfassungsmäßige Ordnung oder das Sittengesetz verstößt.
(2) Jeder hat das Recht auf Leben und körperliche Unversehrtheit. Die Freiheit der Person ist unverletzlich. In diese Rechte darf nur auf Grund eines Gesetzes eingegriffen werden.

### Artikel 6

**[Ehe und Familie, nichteheliche Kinder]**

(1) Ehe und Familie stehen unter dem besonderen Schutze der staatlichen Ordnung.
(2) Pflege und Erziehung der Kinder sind das natürliche Recht der Eltern und die zuvörderst ihnen obliegende Pflicht. Über ihre Betätigung wacht die staatliche Gemeinschaft.
(3) Gegen den Willen der Erziehungsberechtigten dürfen Kinder nur auf Grund eines Gesetzes von der Familie getrennt werden, wenn die Erziehungsberechtigten versagen oder wenn die Kinder aus anderen Gründen zu verwahrlosen drohen.
(4) Jede Mutter hat Anspruch auf den Schutz und die Fürsorge der Gemeinschaft.

### Artikel 9

**[Vereinigungsfreiheit]**

(1) Alle Deutschen haben das Recht, Vereine und Gesellschaften zu bilden.
(2) Vereinigungen, deren Zwecke oder deren Tätigkeit den Strafgesetzen zuwiderlaufen oder die sich gegen die verfassungsmäßige Ordnung oder gegen den Gedanken der Völkerverständigung richten, sind verboten.
(3) Das Recht, zur Wahrung und Förderung der Arbeits- und Wirtschaftsbedingungen Vereinigungen zu bilden, ist für jedermann und für alle Berufe gewährleistet. Abreden, die dieses Recht einschränken oder zu behindern suchen, sind nichtig, hierauf gerichtete Maßnahmen sind rechtswidrig. Maßnahmen nach den Artikeln 12a, 35 Absatz 2 und 3, Artikel 87a Absatz 4 und Artikel 91 dürfen sich nicht gegen Arbeitskämpfe richten, die zur Wahrung und Förderung der Arbeits- und Wirtschaftsbedingungen von Vereinigungen im Sinne des Satzes 1 geführt werden.

### Artikel 12

**[Berufsfreiheit, Verbot der Zwangsarbeit]**

(1) Alle Deutschen haben das Recht, Beruf, Arbeitsplatz und Ausbildungsstätte frei zu wählen. Die Berufsaus-

übung kann durch Gesetz oder auf Grund eines Gesetzes geregelt werden.
(2) Niemand darf zu einer bestimmten Arbeit gezwungen werden, außer im Rahmen einer herkömmlichen allgemeinen, für alle gleichen öffentlichen Dienstleistungspflicht.
(3) Zwangsarbeit ist nur bei einer gerichtlich angeordneten Freiheitsentziehung zulässig.

### Artikel 14

**[Eigentum, Erbrecht, Enteignung]**

(1) Das Eigentum und das Erbrecht werden gewährleistet. Inhalt und Schranken werden durch die Gesetze bestimmt.
(2) Eigentum verpflichtet. Sein Gebrauch soll zugleich dem Wohle der Allgemeinheit dienen.
(3) Eine Enteignung ist nur zum Wohle der Allgemeinheit zulässig. Sie darf nur durch Gesetz oder auf Grund eines Gesetzes erfolgen, das Art und Ausmaß der Entschädigung regelt. Die Entschädigung ist unter gerechter Abwägung der Interessen der Allgemeinheit und der Beteiligten zu bestimmen. Wegen der Höhe der Entschädigung steht im Streitfalle der Rechtsweg vor den ordentlichen Gerichten offen.

### Artikel 15

**[Sozialisierung]**

Grund und Boden, Naturschätze und Produktionsmittel können zum Zwecke der Vergesellschaftung durch ein Gesetz, das Art und Ausmaß der Entschädigung regelt, in Gemeineigentum oder in andere Formen der Gemeinwirtschaft überführt werden. Für die Entschädigung gilt Artikel 14 Absatz 3 Satz 3 und 4 entsprechend.

### Artikel 20

**[Grundlagen staatlicher Ordnung, Widerstandsrecht]**

(1) Die Bundesrepublik Deutschland ist ein demokratischer und sozialer Bundesstaat.
(2) Alle Staatsgewalt geht vom Volke aus. Sie wird vom Volke in Wahlen und Abstimmungen und durch besondere Organe der Gesetzgebung, der vollziehenden Gewalt und der Rechtsprechung ausgeübt.
(3) Die Gesetzgebung ist an die verfassungsmäßige Ordnung, die vollziehende Gewalt und die Rechtsprechung sind an Gesetz und Recht gebunden.
(4) Gegen jeden, der es unternimmt, diese Ordnung zu beseitigen, haben alle Deutschen das Recht zum Widerstand, wenn andere Abhilfe nicht möglich ist.

Quelle: Grundgesetz für die Bundesrepublik Deutschland vom 23. Mai 1949 (BGBl, S. 1), zuletzt geändert durch Gesetz vom 21. Dezember 1983 (BGBl I, S. 1481).

## 2. Kapitel
## „Sozial" sind wir alle –
## zwei Paradigmen und die Folgen

Das Wort „sozial" ist mehrdeutig und der Begriff des Sozialen dehnbar. Es ist eine moderne Wortschöpfung. Erst mit Beginn des 19. Jahrhunderts hat es Eingang in unsere Sprache gefunden.

*die Mehrdeutigkeit des Begriffs „sozial"*

Zum einen verwenden wir das Wort „sozial" im Alltagssprachgebrauch im Sinne von „gesellschaftlich". Man spricht heute von sozialer Ausgrenzung, wenn man die Absonderung von Personen oder Gruppen von wichtigen gesellschaftlichen Bereichen meint. Soziale Konflikte sind Auseinandersetzungen zwischen gesellschaftlichen Gruppen oder Auseinandersetzungen, die die Gesellschaft als Ganzes betreffen (im 19. und zu Beginn des 20. Jahrhunderts wurden sie als Ausdruck der „sozialen Frage" angesehen). Soziales Handeln, auch soziale Politik, ist in diesem Sinne als Handeln zu verstehen, das die Gesellschaft in ihrer Gesamtheit betrifft oder berücksichtigen will.

Zum anderen verwenden wir „sozial" als „helfend" oder „beistehend". Eine sozial eingestellte Person ist der-/diejenige, der/die anderen hilft.

Beide Wortbedeutungen weisen auf verschiedene Richtungen im praktischen sozialen Handeln hin, die im folgenden grob umrissen werden sollen.

Sozial als „helfend, beistehend" verstanden, ist populärer als die Bedeutung „gesellschaftlich":

Viele Hilfeeinrichtungen bezeichnen sich als sozial. Die staatliche Hilfe für Arme heißt heute Sozialhilfe (vgl. 8. Kapitel). Von einem Sozialfall sprechen wir, wenn wir jemanden meinen, der allein nicht mehr zurechtkommt, der seinen gesellschaftlichen Status verliert. Sozialarbeiter/-innen oder Sozialpädagogen/-innen kümmern sich um diese Leute. Umgekehrt ist der/die nicht sozial, der/die nur an sich selbst denkt, wer anderen nicht hilft, wer seine Interessen rücksichtslos verwirklicht, wer auf Kosten anderer lebt, anderen etwas wegnimmt. Bettler oder Obdachlose, die auf Kosten der Gesellschaft zu leben scheinen, wurden bald als „Asoziale" bezeichnet. Das helfende Soziale ist auch für den nicht Hilfebedürftigen alltäglich und allgegenwärtig. Jede private Kleidersammlung ist eine soziale Tat, die Busfahrtermäßigung für Rentner am Vormittag, die Ferienaktion des Jugendamtes, die Straßensammlungen rund ums Jahr („Spendenmarkt"), die verbilligte Butter, die Sozialpläne für Konkursunternehmen. Es wird viel geholfen. Sozial sein stellt heute einen hohen Wert dar.

War das Sozial-Sein im 19. Jahrhundert zuerst eine Tätigkeit für bürgerliche Frauen („Sozialdamen"), engagierte Publizisten oder Kirchenmänner und richtete es sich notgedrungen auf die schlimmsten Mißstände (zum Beispiel Kinderarbeit und -verwahrlosung), so ist das heute völlig anders. Nicht nur wird vielen Menschen bei diversen Problemen geholfen, sondern alle machen auch − wenigstens dem Anschein nach − beim Helfen mit. Heute dehnt sich das Helfen bis dorthin, wo das Soziale vielleicht nur noch Etikett ist oder sich gar als das Gegenteil von Hilfe herausstellt.

Wenn Mieten im sozialen Wohnungsbau nach Auslaufen der Subventionierung von Baukrediten höher als beim freifinanzierten Wohnungsbau sind, wenn ein lediger Angestellter für die gesetzliche Krankenkasse mehr Beiträge zu zahlen hat als ein Freiberufler für eine private, wenn die in Europa gesammelten Kleider in Ländern der Dritten Welt von privaten Händlern verkauft statt verschenkt werden oder die Sozialpläne für Konkursunternehmen die Endstation des Arbeitslebens für die Betroffenen bedeuten, wird der Bedeutungsverlust des Sozialen deutlich.

Wenn man sozial als „helfend" oder „beistehend" verstehen und danach handeln will, muß man sich daher genau darüber Rechenschaft ablegen, wie man mit welchem Ziel und welchen Folgen hilft. Ein Sozialarbeiter, der dafür sorgt, daß ein von den Eltern vernachlässigtes Kind in ein Heim kommt, eine Drogenberaterin, die eine harte Therapie vermittelt oder ein Helfer in der Ausländerarbeit, der einem türkischen Mädchen zum Hierbleiben gegen den Willen ihres Vaters rät, − alle Helfer/-innen müssen sich mit dieser Dehnbarkeit und mit dem Bedeutungswandel des Sozialen auseinandersetzen, wenn sie nicht Gefahr laufen wollen, daß ihre gut gemeinte Hilfe am Ende schadet.

„sozial" als „beistehend"

Wie einfach oder problematisch dieses Sozial-Sein auch sein kann, es zielt immer ab auf die Veränderung von als ungünstig definierten

Lebenslagen, auf die Abhilfe von Notständen oder auf die Heilung von Schäden sowie auf die Änderung der zugrundeliegenden Bedingungen.

*Motive – Orientierung an „Gleichheit" und „Brüderlichkeit"*

Aus Motiven wie Mitleid (christliche Nächstenliebe), Verantwortungsgefühl (liberal-konservativ) oder Solidarbewußtsein (sozialistisch) ist es als verbesserngwollendes Helfen an den Ideen von Gleichheit und Brüderlichkeit orientiert: Die Gebote der Nächstenliebe und die Maxime der Verantwortung für den anderen verlangen, daß gerade dem geholfen werden soll, der benachteiligt ist; die Gesellschaft muß dafür sorgen, daß die Menschen die gleichen Entfaltungsmöglichkeiten und Chancen erhalten usw. Soziales – auch sozialpolitisches – Handeln, das sich an dem Gleichheits- und Brüderlichkeitsparadigma orientiert, verfolgt grundsätzlich – wegen Wähler- und/ oder Gruppen- oder Koalitionsrücksichten kaum in reiner Form – die folgenden Leitlinien:

*Leitlinien*

(1) Die Hilfe wird weniger davon abhängig gemacht, ob beziehungsweise inwieweit die Gründe der Hilfsbedürftigkeit ein helfendes Handeln rechtfertigen oder nicht (zum Beispiel bei Alkoholikern oder Haftentlassenen), sondern orientieren sich eher am Ziel der Stabilisierung, Besserung oder Abhilfe einer Benachteiligung (finale Hilfe, *Finalprinzip* in der Sozialpolitik);

(2) Hilfe wird nicht davon abhängig gemacht, daß zunächst geprüft sein muß, ob der Betroffene oder seine Umwelt sich nicht vielleicht selbst helfen könnte, wie es das als Nachranggebot interpretierte *Subsidiaritätsprinzip* (lat. „subsiduum", die Hilfe) nahelegt. Subsidiarität wird hiernach als Gebot der *Vorleistung* angesehen, das dazu beitragen kann, die Selbsthilfefähigkeit erst herzustellen (zum Beispiel Umschulungsmaßnahmen nach dem Arbeitsförderungsgesetz; vgl. 6. Kapitel);

(3) in der Tendenz ist die Hilfe vorbeugend und versucht, auf Umstände hinzuwirken, die soziale Benachteiligungen gar nicht erst entstehen lassen (*Prävention,* präventive Sozialpolitik);

(4) die Hilfe sollte umfassend und kompetent durch die Personen oder/und Einrichtungen erbracht werden, die über die entsprechenden Ressourcen verfügen. Dieses Einstehen der Fähigen, der Starken für die Schwachen als *gesellschaftliche Solidarität* läuft praktisch auf

materielle Umverteilung zugunsten der als sozial Schwachen angesehenen und zu ungunsten der Starken hinaus.

Versteht man sozial dagegen als „gesellschaftlich", so haben sozialpolitische Handlungen und ihre Motive – analog zur anderen Wortbedeutung von „sozial" – andere Implikationen, die zum Teil völlig konträr sind. Hat man nach diesem Ansatz das Gesellschaftsganze im Blick, so muß Ziel und Inhalt des Handelns nicht so sehr der Ausgleich von Benachteiligungen als vielmehr der Zusammenhalt der Gesellschaftsmitglieder und -gruppen sein. Nicht selten wird in diesem Zusammenhang bestritten, daß es (noch) benachteiligende Ungleichheiten gibt, die durch die Struktur unserer Gesellschaft bedingt sind. Daher werden soziale Problemlagen und soziale Ansprüche an den Sozialstaat anders bewertet. „Handlungsbedarf" besteht im Prinzip nur dann und insoweit, wie das Gesellschaftsganze bedroht zu sein scheint, wenn nichts unternommen würde. Und wenn schon auf Forderungen gesellschaftlicher Gruppen nach wohlfahrtsstaatlichen Leistungen – etwa aus wahlpolitischen Überlegungen – eingegangen werden soll, so sollten die Ansprüche als tendenziell gleichberechtigt angesehen werden. Programmatisch findet das seinen Niederschlag in der Formel, daß Sozialpolitik „für alle Bürger" dazusein habe, nicht nur für die Benachteiligten (so etwa im CDU-Parteiprogramm von 1978) (vgl. Dokumentation 2, S. 25 ff.).

„sozial" als „gesellschaftlich"

Um so allen wenigstens halbwegs zu entsprechen, richtet sich die Politik daher weniger nach dem Paradigma der „Gleichheit" und „Brüderlichkeit", sondern orientiert sich eher an den Werten „Gerechtigkeit" und „Freiheit". Wenn überhaupt soziale Verteilungspolitik gemacht werden soll, was nicht wenige liberale und konservative Verfechter dieses sozialen Denkens nicht von vornherein bejahen (wollen), dann soll sie gerecht in dem Sinn sein, daß auch alle etwas bekommen und nicht nur die traditionellen Klienten des Sozialstaats.

Motive – Orientierung an „Gerechtigkeit" und „Freiheit"

Dabei nimmt man in Kauf, daß dies zur Folge haben kann, daß es viele soziale Leistungen gibt, die in ihrer Höhe pro Empfänger niedrig sind („Gießkannenprinzip; vgl. Kindergeld 7. Kapitel), sondern sieht dies sogar als notwendig an. Zu hohe oder „überhöhte" Sozialleistungen würden – so die Schlußfolgerungen aus dieser Position –

nicht nur vom Geldgeber abhängig machen, sondern hinderten die betreffenden Menschen auch daran, das eigene Leben in die Hand zu nehmen und machten unfrei. Soziales Handeln, das sich am Gerechtigkeits- und Freiheitsparadigma orientiert, verfolgt – in der sozialpolitischen Praxis ebenfalls kaum in reiner Form – daher andere Leitlinien und wendet andere Prinzipien an:

*Leitlinien* (1) Aus Gründen der – formalen Gerechtigkeit – wird hier häufiger nach Anlaß und Grund, also nach Anspruchsberechtigung gefragt. Die Hilfe ist hier mehr *kausal* als final ausgelegt;

(2) um den angenommenen Willen zur Selbsthilfe bei potentiellen Empfängern sozialer Leistungen nicht zu schwächen, soll hier das *Subsidiaritätsprinzip* als Prinzip des *Nachrangs* verstanden und angewendet werden. Nur wenn klargestellt ist, daß der einzelne, seine Familie und die kleineren Gemeinschaften usw. sich nicht mehr selbst helfen können, soll eine „übergeordnete" Organisation helfen, zuletzt der Staat;

(3) das Prinzip der sozialen Nichteinmischung hat zur Folge, daß in der Tendenz erst dann geholfen werden sollte, wenn das Problem vorhanden ist und nicht im vorhinein. Demnach wird soziales Handeln nach dem Gerechtigkeits- und Freiheitsparadigma weniger auf Prävention als auf *Kompensation* abheben;

(4) das Prinzip der *Solidarität* soll aus Gründen der Gerechtigkeit zuerst so praktiziert werden, daß sich die Menschen, etwa in den „natürlichen Gemeinschaften" (Familie) oder Vereinen, also von ihresgleichen helfen lassen sollen (was ja auch vor ungerechtfertigten Ansprüchen an die Helfer schützen kann); sie sollen also *Gruppensolidarität* üben, bevor gesellschaftliche Solidarität praktiziert werden soll. Als Organisationsprinzip sozialer Leistungen sorgt sie dafür, daß etwa die sozialen Kranken-, Unfall- und Rentenkassen nach Berufsständen und teilweise Branchen voneinander getrennt sind, so daß zwar alle Arbeiter und Angestellten gerechterweise eine Kasse haben, diese aber durchaus unterschiedliche Leistungen erbringen können.

*parteipolitische Zuordnung der Paradigmen* Will man eine sozialpolitische Zuordnung dieser beiden Sozialverständnisse zu den beiden großen sozialpolitischen Lagern vornehmen, dann scheint eine starke Affinität des Lagers um die SPD (außerdem: Gewerkschaften, Arbeitnehmer in der CDU, Teile der GRÜNEN, Verbände der Wohlfahrtspflege, linksliberale Publizistik, EKD) mit dem Paradigma „Gleichheit/Brüderlichkeit" und um die Mehrheit der CDU (außerdem: Wirtschaftsverbände, FDP-Mehrheit, liberal-konservative Publizistik) mit dem Paradigma „Gerechtigkeit/Freiheit" überdeutlich.

Zunächst ist aber festzuhalten, daß jeder das Attribut „sozial" für sich reklamieren und die Gegenpartei als „unsozial" bezeichnen kann, sofern sie nicht das gleiche Sozialverständnis hat. Gleichwohl wird in keinem Verband oder Partei das eine oder andere Sozialverständnis in Reinkultur gedanklich oder praktisch-politisch vertreten, sondern es gibt diverse Mischformen, die allerdings in der Regel schon den Akzent auf eines der Paradigmen setzen und beim anderen Anleihen machen (vgl. Dokumentation 3, S. 31 ff.). — Mischformen des Sozialverständnisses

So etwa bezog sich die SPD in ihrem Godesberger Programm (1959) ausdrücklich auch auf die Werte „Freiheit/Gerechtigkeit", allerdings mit der Betonung darauf, daß Freiheit als Selbstverantwortung und Gerechtigkeit nicht formal, sondern im Sinne von Gleichberechtigung zu verstehen seien. Ähnlich werden im Berliner Programm von 1989 (vgl. Dokumentation 2, S. 25 ff.) die Werte „Freiheit", „Gerechtigkeit" und „Solidarität" im Kontext des Gleichheitsparadigmas fixiert (vgl. auch Dokumentation 3, S. 31 ff.). Umgekehrt findet sich das Paradigma „Gleichheit/Brüderlichkeit" – ebenso funktionalisiert und selektiv – im „anderen Lager" wieder, wenn etwa im Parteiprogramm der CDU (1978) steht, die Gerechtigkeit müsse auch ausgleichende Gerechtigkeit sein und Solidarität müsse auch zwischen Ungleichen geübt werden (vgl. Dokumentation 2, S. 25 ff.).

Abschließend sollte zudem nicht verkannt werden, daß die beiden Paradigmen und die hieraus folgenden Strategien und Prinzipien sozialen Handelns für die beiden großen sozialpolitischen Lager eine unterschiedliche Funktion haben: Das eher „linke" Lager vertritt seinen Wertbezug eher defensiv und verdeckt, um sich nicht dem Vorwurf der sozialistischen Gleichmacherei auszusetzen; man scheint aber innerlich fester daran gebunden zu sein. Beim anderen Lager scheint es eher gerade umgekehrt zu sein. Der Wertbezug wird eher offensiv, in den letzten Jahren geradezu aggressiv als Begründung für die Richtigkeit des eigentlich Sozialen vertreten; am Beispiel: die beste Hilfe für Arbeitslose bestehe nicht in der Finanzierung und — parteipolitische Funktionen des Sozialverständnisses

Betreuung der Arbeitslosigkeit, sondern darin, die Arbeitslosen anzuhalten, die Arbeit zu akzeptieren, die der Arbeitsmarkt hergibt. Kürzungen von Sozialleistungen erscheinen so als helfende Tat. Dagegen wirkt der innere Bezug zu den Werten „Gerechtigkeit/Freiheit" hier weniger fest. Sie werden hier häufiger lediglich als Rechtfertigung für Handeln oder Unterlassungen verwendet.

*Folgen: Schwierigkeiten einer Definition von Sozialpolitik*

Alle diese Widersprüche und Imponderabilien treten dann zu Tage, wenn man einen nur einigermaßen brauchbaren Begriff oder wenigstens eine realistische Definition von Sozialpolitik bilden will oder in der Literatur sucht.

Im politischen Alltagsbewußtsein sind unter dem Begriff „Sozialpolitik" alle Bestrebungen und Maßnahmen des Staates zusammengefaßt, die eine Veränderung der Lebenslagen einzelner Bevölkerungsteile zum Ziel haben. Gewöhnlich wird damit Sozialpolitik überhaupt mit staatlicher Sozialpolitik gleichgesetzt. In der Tat ist die deutsche Sozialpolitik – international gesehen – in hohem Maße verstaatlicht (wie man überhaupt von einer hohen Verstaatlichung der Gesellschaft spricht), obwohl eine Vielzahl nichtstaatlicher, öffentlich-rechtlicher und privater Träger in Deutschland immer existierte und bis heute existiert (vgl. 12. Kapitel). Aber von einer sachgerechten Definition der Sozialpolitik müßten eben nicht nur die staatlichen beziehungsweise öffentlich-rechtlichen Maßnahmen und Bestrebungen, sondern auch die, die von Verbänden, Organisationen, Gruppen, ja und auch von Einzelpersonen erbracht werden, erfaßt werden. Außerdem: Als Sozialpolitik sind nicht nur gesetzgeberische oder administrative Maßnahmen zu verstehen. Auch Bestrebungen zur Veränderung der sozialen Verhältnisse, zum Beispiel Initiativen, Eingaben, Gutachten von Verbänden, Gruppen oder Privatpersonen, ebenso die publizistische oder wissenschaftliche Auseinandersetzung mit sozialen Problemen sind als Sozialpolitik anzusehen.

Will man über eine derartige rein deskriptive Definition einen Begriff von Sozialpolitik formulieren, der ihren Gehalt, ihre Qualität, Ziel oder Geltung erfaßt, stößt man auf ein zweites Problem, auf die angesprochenen Aspekte der Wertung; etwa: Ist beziehungsweise soll die Sozialpolitik (eher) dem Paradigma „Freiheit/Gerechtigkeit" oder dem der „Gleichheit/Brüderlichkeit" geschuldet sein? Beiden

Sozialverständnissen in gleicher Weise zu entsprechen, scheint unmöglich, da zum Beispiel die Politik der Gleichheit für einige vom anderen Teil der Bevölkerung als ungerecht empfunden wird.
Hinzu kommt als drittes Problem, daß die verschiedenen wissenschaftlichen Disziplinen, die sich mit Sozialpolitik befassen, ihre fachspezifischen Sichtweisen nicht selten verabsolutieren und die entsprechenden Definitionsversuche hiervon wesentlich bestimmt sind. So ist Sozialpolitik für die Wirtschaftswissenschaft in erster Linie Verteilungspolitik, womit Qualität und Ursachen sozialer Leistungen weitgehend ausgegrenzt sind. Für Soziologen steht die Herausbildung sozialer Probleme und die Frage im Vordergrund, inwiefern die sozialen Leistungen diesen Problemen abhelfen, womit etwa die ökonomischen Fragen wenig Berücksichtigung finden. Für Juristen stellt sich die Sozialpolitik zunächst als System von sozialpolitischen Normen dar und für Politikwissenschaftler als Problem von Willensbildung und politischer Machtverteilung.
Ein Sozialpolitikbegriff, der diese Schwierigkeiten ignoriert, ist formal, bleibt Definition. Ein Begriff, der diese Probleme aufgreift und Position bezieht, kann nicht „objektiv" sein. In der Literatur sind die Begriffe entweder formale, deskriptive Definitionen oder sie sind, wenn sie das Wesen der Sozialpolitik einbeziehen, wertgebunden. Wenn sie wertgebunden sind, dabei aber Allgemeingültigkeit beanspruchen, sind sie ideologisch. Also ist Vorsicht angebracht.
Wir wollen vorläufig eine weite Definition von Sozialpolitik verwenden, nach der alle öffentlichen beziehungsweise nicht individuellen Bestrebungen und Maßnahmen als Sozialpolitik verstanden werden, die die Absicherung oder Veränderung der Lebenslagen einzelner Bevölkerungsgruppen zum Ziel haben.

weite Definition von „Sozialpolitik"

**Diskussion**

- Schließen sich die Paradigmen „Freiheit/Gerechtigkeit" und „Gleichheit/Solidarität" nicht doch letztlich aus?
- Warum wird das Paradigma „Freiheit/Gerechtigkeit" offensiv vertreten?
- Können Sie die Einführung des BAföG 1971 und seine Kürzung 1983 mit Hilfe der einschlägigen Sozial-Paradigmen begründen?

**FREIHEIT, SOLIDARITÄT, GERECHTIGKEIT (GRUNDSATZPROGRAMM DER CDU 1978 – AUSZUG)**

## II. Grundwerte

12. Wir treten ein für die Grundwerte Freiheit, Solidarität und Gerechtigkeit. Dabei ist unser Verständnis vom Menschen Grundlage und Maßstab zugleich.

### Freiheit

13. Der Mensch ist frei. Als sittliches Wesen soll er vernünftig und verantwortlich entscheiden und handeln können. Wer Freiheit für sich fordert, muß die Freiheit seines Mitmenschen anerkennen. Die Freiheit des anderen bedingt und begrenzt die eigene Freiheit. Freiheit umfaßt Recht und Pflicht. Es ist Aufgabe der Politik, dem Menschen den notwendigen Freiheitsraum zu sichern.

14. Um sich frei entfalten zu können, muß der Mensch lernen, in Gemeinschaft mit anderen zu leben.
Wer sich von jeder mitmenschlichen Verpflichtung lösen und von jedem Verzicht befreit sein möchte, macht sein Leben nicht frei, sondern arm und einsam. Es gibt Anhängigkeiten, die den Menschen erniedrigen. Aber es gibt auch Bindungen, in denen Freiheit sich erst entfaltet.

15. Recht, das die personale Würde des Menschen schützt, sichert Freiheit. Es regelt das geordnete und friedliche Zusammenleben der Menschen in Freiheit.

16. Verwirklichung der Freiheit bedarf der sozialen Gerechtigkeit. Die Verhältnisse, unter denen der Mensch lebt, dürfen der Freiheit nicht im Wege stehen. Aufgabe der Politik ist es daher, der Not zu wehren, unzumutbare Abhängigkeiten zu beseitigen und die materiellen Bedingungen der Freiheit zu sichern. Die freie Entfaltung der Person wächst auf dem Boden möglichst gerecht verteilter Chancen und Güter. Persönliches Eigentum erweitert den Freiheitsraum des einzelnen für eine persönliche und eigenverantwortliche Lebensgestaltung.

17. Die Verwirklichung der Freiheit bedarf der eigenverantwortlichen Lebensgestaltung nach dem Prinzip der Subsidiarität.
Deshalb muß der Staat auf die Übernahme von Aufgaben verzichten, die der einzelne oder jeweils kleinere Gemeinschaften erfüllen können. Was der Bürger allein, in der Familie und im freiwilligen Zusammenwirken mit anderen ebensogut leisten kann, soll ihm vorbehalten bleiben.
Der Grundsatz der Subsidiarität gilt auch zwischen kleineren und größeren Gemeinschaften sowie zwischen freien Verbänden und staatlichen Einrichtungen.

18. Freiheit verwirklicht sich durch Selbstverantwortung und Mitverantwortung im praktischen Leben.

Der Bürger soll Freiheit in der Familie, Nachbarschaft, Arbeitswelt und Freizeit sowie in Gemeinde und Staat erfahren und verwirklichen. Er soll wählen und entscheiden, teilnehmen und mitverantworten können. Er darf weder in die Rolle des Bevormundeten gedrängt noch zum bloßen Empfänger staatlicher Leistungen erniedrigt werden. Er muß sich gegen technokratischen und bürokratischen Zugriff und gegen die Verführung durch Ideologien wehren können. Selbständiges Urteil und verantwortliche Mitarbeit schützen ihn davor, das Opfer eines totalitären oder kollektivistischen Systems zu werden. Wer frei ist, hat die Pflicht, für die Freiheit derer einzutreten, denen Freiheit vorenthalten wird.

Nur wer frei ist, kann Verantwortung tragen, und nur wer verantwortlich handelt, behält die Chance der Freiheit.

**Solidarität**

21. Solidarität heißt füreinander dasein, weil der einzelne und die Gemeinschaft darauf angewiesen sind. Solidarität verbindet die Menschen untereinander und ist Grundlage jeder Gemeinschaft. Sie ist Ausdruck der sozialen Natur des Menschen.

22. Solidarität kennzeichnet die Wechselbeziehung zwischen der Gemeinschaft und dem einzelnen. Die Gemeinschaft steht für den einzelnen ein. Er hat Anspruch auf persönliche Zuwendung und Hilfe. Das ist sein Recht auf Solidarität.

Der einzelne steht aber auch für die Gemeinschaft aller ein. Das ist seine solidarische Pflicht. Solidarität erfordert persönliche Leistung und gibt ihr den sozialen Sinn.

Die CDU bekennt sich zu dieser wechselseitigen Verantwortlichkeit, die gleich weit entfernt ist vom ungebundenen Individualismus wie vom Kollektivismus.

23. Die soziale Sicherung beruht auf dem Grundgedanken der Solidarität. Gemeinschaftlich werden die Risiken abgesichert, die der einzelne allein nicht bewältigen kann. Durch die soziale Sicherung werden keine widerruflichen Almosen und keine kostenlose Versorgung durch eine anonyme Kasse gewährt, sondern es wird für den einzelnen ein Recht auf Sicherheit und Geborgenheit begründet. Dafür trägt jeder mit seiner Arbeit und Leistung dazu bei, daß die Gemeinschaft aller für den einzelnen eintreten kann. Die soziale Sicherung hat befriedigende und befreiende Wirkung. Solidarität verbietet den Mißbrauch des Systems der sozialen Sicherung.

24. Solidarität und Subsidiarität gehören zusammen. Der Staat soll dem Bürger eigene Initiative und verantwortliche Selbsthilfe im Rahmen des Möglichen erleichtern und zumuten. Denn zur Solidarität gehört die persönliche Zuwendung von Mensch zu Mensch. In einer Zeit, die von Technik und materiellen Leistungsmaßstäben geprägt ist, leiden

immer mehr Bürger an einem Mangel menschlicher Gemeinschaft und Hilfe. Nur persönlich geleistete soziale Dienste helfen dieser Not ab. Der Wert sozialer Dienste ist für den Gebenden nicht geringer als für den Empfänger.

25. Gesellschaftliche Gruppen stützen sich auf die Solidarität ihrer Mitglieder, um gemeinsame Interessen wirkungsvoll vertreten zu können. Gruppensolidarität kann Chancen der Freiheit schaffen und offenhalten. Sie hat besonders dort ihre Berechtigung, wo der einzelne allein machtlos ist, um seine schutzwürdigen Belange zu sichern.

Solidarität verlangt mehr als die Kampfgemeinschaft derer, die ein gemeinsames Interesse gegen andere vertreten. Solidarität verbindet nicht nur Interessengruppen in der Wahrnehmung ihrer berechtigten Anliegen, sondern greift über die widerstreitenden Interessen hinaus, verpflichtet die Starken zum Einsatz für die Schwachen und alle im Zusammenwirken für das Wohl des Ganzen. Das Gebot der Solidarität wird erst dann erfüllt, wenn es auch zwischen Machtungleichen und Interessengegnern gilt. Sie ist gerade dort gefordert, wo sie besonders schwerfällt. Diese Aufgabe stellt sich im persönlichen Verhältnis zwischen Mitmenschen, in der Partnerschaft zwischen gegnerischen sozialen Kräften und in den Beziehungen der Völker zueinander, vor allem den weltweiten Entwicklungsaufgaben. Die Geschichte zeigt, daß auch zwischen Ungleichen Solidarität möglich ist. Sie zu verwirklichen, ist Aufgabe und Hoffnung der Menschen.

**Gerechtigkeit**

26. Grundlage der Gerechtigkeit ist die Gleichheit aller Menschen in ihrer Würde und Freiheit ohne Rücksicht auf Macht, Leistung oder Versagen des einzelnen.

27. Gerechtigkeit bedeutet gleiches Recht für alle, auch für die, denen geholfen werden muß, ihr Recht wahrzunehmen. Recht schützt vor Willkür und Machtmißbrauch. Recht macht Freiheit auch für den Schwächeren möglich.

28. Gerechtigkeit gibt jedem die gleiche Chance, sich frei zu entfalten und für sich und für andere Verantwortung zu übernehmen.

Chancengerechtigkeit ist die notwendige Ergänzung der Gleichheit vor dem Recht. Sie soll jedermann die Möglichkeit geben, sich in gleicher Freiheit so unterschiedlich zu entfalten, wie es der persönlichen Eigenart des einzelnen entspricht. Dazu gehört zunächst ein gerechter Zugang zu allen Bildungseinrichtungen unter Ausgleich nachteiliger Vorbedingungen. Chancengerechtigkeit bezieht sich aber auch auf die Eröffnung von Mitsprache und Mitverantwortung, auf die Nutzung lebenswichtiger Güter und auf den Erwerb persönlichen Eigentums.

Chancengerechtigkeit schließt den Versuch aus, die menschlichen Existenzen als solche gleichzumachen. Wer dies wollte, dürfte nicht Chancen versprechen, weil sie immer nur nach den unterschiedlichen persönlichen Anlagen des einzelnen genutzt werden können. Er müßte Gleichheit der Ergebnisse zusagen und damit von der Vorstellung ausgehen, als wäre der Mensch total verfügbar. Wer die Menschen gleichmachen will, leugnet ihr zur freien Selbstbestimmung geschaffenes verantwortliches Wesen.

29. Gerechtigkeit verlangt, Gleiches gleich und Ungleiches ungleich zu behandeln. Gerechtigkeit schließt die Anerkennung persönlicher Anstrengung und Leistung ein. Jeder soll die Möglichkeit haben, seine Lebensbedingungen durch eigenen Einsatz zu verbessern und zu gestalten. Seine Leistung muß mit der Aussicht auf eine lohnende Zukunft verbunden sein.

Gerade die Bejahung persönlicher Leistung aber erfordert eine gerechte Verteilung der erarbeiteten Güter, da die gesellschaftlichen Bedingungen, unter denen persönliche Leistung vollzogen wird, verschieden sind und Chancengerechtigkeit auch bei allem Bemühen nicht immer erzielt werden kann.

30. Gerechtigkeit gebietet, ausgleichende Maßnahmen zugunsten derer zu treffen, die sonst zurückbleiben würden. Hilfe ist vor allem für die Menschen bestimmt, welche nur unzureichend zur Selbsthilfe befähigt sind und ihre Belange nicht wirkungsvoll öffentlich vertreten und durchsetzen können.

Hierzu gehören vor allem die Menschen, die nicht im Produktionsprozeß stehen und die ihre Belange nicht durch Gruppen oder Organisationen vertreten können. Es gilt, auch den Erfolglosen nicht fallen zu lassen und jedermann menschenwürdige Lebensverhältnisse zu sichern, auch wenn er durch eigenes Verschulden zu seiner Bedürftigkeit beigetragen hat.

Quelle: Grundsatzprogramm der Christlich Demokratischen Union Deutschlands; hrsg. von der CDU-Bundesgeschäftsstelle, Bonn o. J.

**FREIHEIT, GERECHTIGKEIT, SOLIDARITÄT (BERLINER PROGRAMM DER SPD, 1989 – AUSZUG)**

### Grundwerte des Demokratischen Sozialismus

Freiheit, Gerechtigkeit und Solidarität sind die Grundwerte des Demokratischen Sozialismus. Sie sind unser Kriterium für die Beurteilung der politischen Wirklichkeit, Maßstab für eine neue und bessere Ordnung der Gesellschaft und

zugleich Orientierung für das Handeln der einzelnen Sozialdemokratinnen und Sozialdemokraten.
Die Sozialdemokratie erstrebt eine Gesellschaft, in der jeder Mensch seine Persönlichkeit in Freiheit entfalten und verantwortlich am politischen, wirtschaftlichen und kulturellen Leben mitwirken kann.
Der Mensch ist als Einzelwesen zur Freiheit berufen und befähigt. Die Chance zur Entfaltung seiner Freiheit ist aber stets eine Leistung der Gesellschaft. Freiheit ist für uns die Freiheit eines jeden, auch und gerade des anders Denkenden. Freiheit für wenige wäre Privileg.
Die Freiheit des anderen ist Grenze und Bedingung der Freiheit des einzelnen.
Freiheit verlangt Freisein von entwürdigenden Abhängigkeiten, von Not und Furcht, aber auch die Chance, individuelle Fähigkeiten zu entfalten und in Gesellschaft und Politik verantwortlich mitzuwirken.
Nur wer sich sozial ausreichend gesichert weiß, kann seine Chance zur Freiheit nutzen. Auch um der Freiheit willen wollen wir gleiche Lebenschancen und umfassende soziale Sicherung.
Gerechtigkeit gründet in der gleichen Würde aller Menschen. Sie verlangt gleiche Freiheit, Gleichheit vor dem Gesetz, gleiche Chancen der politischen und sozialen Teilhabe und der sozialen Sicherung. Sie verlangt die gesellschaftliche Gleichheit von Mann und Frau.

Gerechtigkeit erfordert mehr Gleichheit in der Verteilung von Einkommen, Eigentum und Macht, aber auch im Zugang zu Bildung, Ausbildung und Kultur.
Gleiche Lebenschancen bedeuten nicht Gleichförmigkeit, sondern Entfaltungsraum für individuelle Neigungen und Fähigkeiten aller.
Gerechtigkeit, das Recht auf gleiche Lebenschancen, muß mit den Mitteln staatlicher Macht angestrebt werden.
Solidarität als die Bereitschaft, über Rechtsverpflichtungen hinaus füreinander einzustehen, läßt sich nicht erzwingen. Solidarität hat die Arbeiterbewegung im Kampf für Freiheit und Gleichheit geprägt und ermutigt. Ohne Solidarität gibt es keine menschliche Gesellschaft.
Solidarität ist zugleich Waffe der Schwachen im Kampf um ihr Recht und Konsequenz aus der Einsicht, daß der Mensch der Mitmenschen bedarf. Wir können als Freie und Gleiche nur dann menschlich miteinander leben, wenn wir füreinander einstehen und die Freiheit des anderen wollen. Wer in Not gerät, muß sich auf die Solidarität der Gesellschaft verlassen können.
Solidarität gebietet auch, daß die Menschen in der Dritten Welt die Chance für ein menschenwürdiges Leben erhalten. Kommende Generationen, über deren Lebenschancen wir heute entscheiden, haben Anspruch auf unsere Solidarität.

## Dokumentation 2

Solidarität ist auch nötig, um individuelle Entfaltungschancen zu erweitern. Nur gemeinsames Handeln, nicht egoistischer Individualismus schafft und sichert die Voraussetzungen individueller Selbstbestimmung.
Freiheit, Gerechtigkeit und Solidarität bedingen einander und stützen sich gegenseitig. Gleich im Rang, einander erläuternd, ergänzend und begrenzend erfüllen sie ihren Sinn.
Diese Grundwerte zu verwirklichen und die Demokratie zu vollenden, ist die dauernde Aufgabe des Demokratischen Sozialismus.

Quelle: Grundsatzprogramm der Sozialdemokratischen Partei Deutschlands; hrsg. vom SPD-Parteivorstand, Bonn o. J.

## ZU DEN BEGRIFFEN „SOZIALE GERECHTIGKEIT" – „SOZIALE GLEICHHEIT"

**Soziale Gerechtigkeit**

Soziale Gerechtigkeit kann als Gleichheit der formalen Freiheit, als Gleichheit der Startbedingungen, als Leistungsgerechtigkeit oder als Bedarfsgerechtigkeit verstanden werden.
Die Gleichheit der *formalen Freiheit* entspricht der Gleichheit vor dem Gesetz. Sie fußt auf der Überzeugung, daß die Menschen von Geburt gleich sind und deshalb grundsätzlich die gleichen Entfaltungsrechte haben sollen. Dazu gehört auch der gleiche rechtliche Zugang zu jenen Faktoren, die den sozialen Status des einzelnen vor allem bestimmen: Einkommen bzw. Eigentum, Sozialprestige, Autorität, Ausbildungs- oder Erziehungsniveau. Weil gleiche formale Freiheit nur gleiches rechtliches Dürfen und noch nicht gleiches Können bedeutet, wird sie in der Regel nur als eine erste Annäherung an die Gerechtigkeit angesehen. Wir können sie auch als formale Gerechtigkeit bezeichnen.
Soziale Gerechtigkeit im materialen Sinn verlangt, daß die Faktoren, die den sozialen Status bestimmen, verhältnismäßig gleich verteilt sind. Das entspricht dem alten Gerechtigkeitssatz des ‚suum cuique' – jedem das Seine. Wenn wir fragen, was denn nun ‚das Seine' sei, das jemand erhalten solle, so gibt es mehrere Antworten; je nachdem, ob wir als Maßstab die aufgewandte subjektive Mühe, die tatsächlich erzielte Leistung oder die Höhe der Bedürfnisse anlegen. Die subjektive Mühe als Norm führt zu der praktisch unlösbaren Aufgabe eines interpersonellen Vergleichs physischer und psychischer Anstrengungen. Wir können nur das Ergebnis dieser Anstrengungen, d.h. die Leistung, erfassen.
Deshalb wird häufig die Leistungsgerechtigkeit ersatzweise in Betracht gezogen, wenn sie nicht schon um ihrer selbst willen gefordert wird. Sie kommt dem Maßstab der Mühe um so näher, je gleichmäßiger die Startbedingungen sind. Aus diesem Grunde wird oft auch ergänzend eine *Startgerechtigkeit* gefordert. Zu den Startbedingungen gehören die Erbanlagen, das familiäre Milieu, das ererbte Vermögen, die Erziehung und Ausbildung. Da man die Erbanlagen überhaupt nicht und die Unterschiede in der ‚Kinderstube' nur um den Preis einer Zerstörung der Familie ausgleichen kann, umfaßt die Forderung nach gleichen Startchancen in der Regel nur eine Beseitigung des Erbrechts und die Gewährung gleicher Ausbildungschancen für alle.
*Leistungsgerechtigkeit* bedeutet „gleicher Lohn für gleiche Leistung", ist aber inhaltlich unbestimmt, wenn es sich um verschiedenartige Leistungen handelt. Die Leerstelle kann nur ausgefüllt wer-

den durch ein Bewertungssystem. Ein solches Bewertungssystem ist der Markt. Es spiegelt, wenn keine künstlichen Beschränkungen der Konkurrenz vorhanden sind, die durch die Struktur des Angebots und der Nachfrage bestimmte relative Knappheit der verschiedenen Leistungen wider. Man muß sich darüber klar sein, daß der Markt bei natürlichen Monopolen (Beispiel: die begnadete Konzertsängerin) und bei künstlich erzeugten Meinungsmonopolen (Beispiel: das Filmidol) manche Leistungen sehr hoch bewertet, andere Leistungen aber überhaupt nicht würdigt (Beispiel: die brotlosen Künste) oder erst lange nach dem Tode ihres Schöpfers. Deshalb werden viele das Bewertungssystem des Marktes für korrektur- und ergänzungsbedürftig halten.

Aus: Herbert Giersch: Allgemeine Wirtschaftspolitik, 1. Band: Grundlagen, Wiesbaden 1960, S. 75–77.

**Soziale Gleichheit**

In einer bürgerlichen Gesellschaft, die – auch heute noch – die Sprache beherrscht, ist es schwer, „wahre Freiheit" zu beschreiben. Ob die bürgerlichen Grundrechte gesichert sind oder nicht, läßt sich leicht feststellen. Ein anerkannter Maßstab, an dem sich die verwirklichte Freiheit des einzelnen messen ließe, ist aber bis zum heutigen Tag schwer zu finden. Es erhellt die Realität in vielerlei Hinsicht, daß auch heute noch die Schwankungen des betrieblichen Krankenstandes ebenso viel über das aktuelle Freiheitsgefühl der Arbeitnehmer aussagen wie über ihren tatsächlichen Gesundheitszustand – womit nicht gesagt sein soll, daß Krankenstände ein geeigneter Freiheitsmaßstab seien. Aber Tatsache bleibt: Wer es nicht wagt, sich krank zu melden, obwohl er sich krank fühlt, dessen Freiheitsgefühl ist eingeschränkt:

„Sehr geehrter Herr Cristiani! Sie waren im Jahre 1978 20 Arbeitstage krank. Diese Krankheitszeit ist gegenüber anderen Arbeitnehmern des Betriebes sehr hoch, da die meisten sehr wenig, einige überhaupt nicht krank waren in den letzten Jahren. Der größte Naturheilarzt Kneipp hat gesagt, der Mensch ist so krank oder gesund, wie er lebt. Sofern Sie Wert auf Ihren Arbeitsplatz legen, bitte ich Sie, Ihre Lebensweise so zu gestalten, daß Sie nicht mehr so viel krank sind. Hochachtungsvoll" – so schrieb der Leiter eines Ziegelwerkes in Vellmar bei Kassel an einen Arbeitnehmer.

Immer noch stößt konkrete Freiheitsentfaltung gerade des Arbeitnehmers spontan auf öffentlichen Mißbrauchsverdacht. Dieses gebrochene Verhältnis des bürgerlichen Denkens zur praktischen Freiheit des kleinen Mannes ist eine Ursache dafür, daß die Parole „Freiheit oder/statt Sozialismus" noch immer ein politisches Echo finden kann.

Es geht aber darum, *diese* Freiheit der breiten Bevölkerungsschichten tatsächlich zu verwirklichen. Dazu ist auch notwendig, konkrete Unfreiheit im Alltag offenzulegen, ihre Ursachen und Bedingungen zu erkennen und Wege zu finden, auf denen konkrete Freiheit für alle politisch gewährleistet und vermehrt werden kann. Dies ist heute der Verfassungsauftrag unseres Sozialstaates. Es war und ist aber auch das originäre Ziel der sozialdemokratischen Arbeiterbewegung, die das System unserer modernen Sozialpolitik entwickelt hat. Der demokratische Sozialismus beinhaltet jenen Sinnzusammenhang, der Sozialpolitik zum Instrument der Freiheitssicherung werden läßt.

*Gleiche Freiheit für alle* – das war das Programm der Arbeiterbewegung, das sie dem bürgerlichen Freiheitsverständnis entgegengestellt hat. Ihr ging es darum, auch dem Armen die Möglichkeit zu geben, von seinen bürgerlichen Freiheitsrechten Gebrauch zu machen. Was das bedeutet, hat sie im Kampf um die Verwirklichung dieses Freiheitszieles gelernt. Aus der Erfahrung des praktischen Ringens um *mehr* konkrete Freiheit hat sie Bedingungen wirklicher Freiheit des besitzlosen Arbeitnehmers und Instrumente zu ihrer Durchsetzung formuliert. Ziel, Bedingungen und Instrumente bildeten in ihrem handlungsorientierten Denken eine kompakte Einheit, die sich bis zum heutigen Tag philosophischem Isolierungsbestreben widersetzt:

Ungleicher individueller Machtbesitz verhindert die Verwirklichung gleicher Freiheit. Aber Einigkeit macht stark.

Aus: Hans Ehrenberg/Anke Fuchs: Sozialstaat und Freiheit. Frankfurt a. M. 1980, S. 24.

## 3. Kapitel
## Nichts ohne den Staat: Zu Entstehung und Entwicklung der Sozialpolitik in Deutschland

Die oben (S. 22f.) vorgenommene Definition von Sozialpolitik ist so weit, daß sie nicht nur die bundesdeutsche Nachkriegs- oder die Sozialpolitik in modernen kapitalistischen Gesellschaften im allgemeinen beschreibt, sondern auch die historischen Vorgängerinnen.

*Sozialpolitik im Altertum und im Mittelalter*

So gesehen kann man sagen, daß es eine Sozialpolitik seit dem Altertum immer gegeben hat: So gab es in Athen im fünften vorchristlichen Jahrhundert Krankenhilfsvereine und sonstige Unterstützungskassen für Handwerker auf privater und Unterstützungszahlungen auf staatlicher (steuerfinanzierter) Basis für kranke Matrosen und Hafenarbeiter.

Das mittelalterliche Spitalwesen für Kinder, Kranke und Alte, die aus den familialen Versorgungs- und Schutzsystemen herausgefallen waren, gilt ebenso als Sozialpolitik wie die organisierte Sozialbetreuung deklassierter Bevölkerungsteile durch Mitglieder der bürgerlichen Klasse nach dem sogenannten „Elberfelder System" 1852ff. oder die Bruderbüchsen der Handwerker oder Kassen der Bergleute der beginnenden Neuzeit.

*Neuzeit: Aufbau einer staatlichen Sozialpolitik*

So gesehen ist es irreführend, wenn der Beginn der Sozialpolitik mit dem Beginn der staatlichen Sozialpolitik gleichgesetzt wird (vgl. Dokumentation 5, S. 42f.). Legitim ist diese Gleichsetzung aber, wenn man in Betracht zieht, daß erst das Eingreifen des Staates in die Arbeiterfrage des 19. Jahrhunderts (in Deutschland) ein umfangreiches sozialpolitisches Gesamtsystem geschaffen hat.

*Sozialpolitik der Bismarckzeit*

Es ist kein Zufall, daß die deutsche Sozialpolitik während der Bismarckzeit geformt wurde. Die Gründe für das Eingreifen des Staates in die sozialen Belange der Arbeiterschaft sind zahlreich und vielschichtig: Grob gesagt lag der Bismarckschen Administration und den sie unterstützenden Reichstagsmehrheiten daran, etwas für die Arbeiter zu tun, um den von Karl Marx beeinflußten, revolutionär eingestellten Sozialisten „das Wasser abzugraben". Die Arbeiter, deren mißliche Lage (niedrige Löhne, schlechte Wohn-, Lebens- und Bildungsverhältnisse, Schutzlosigkeit im Arbeitsbereich) die herrschende Politik durchaus sah und die man als entwurzelt, bindungs- und vaterlandslos bezeichnete, sollten, so Otto von Bismarck, in die Gesellschaft eingebunden und gegenüber dem Staat loyal gemacht werden; das neue Reich von 1871 sollte auf diese Weise gefestigt werden („innere Reichsgründung"). Die durch die ungehinderte Verfügung über die „Ware Arbeitskraft" (Marx) verursachten Verschleißerscheinungen der Arbeiter (Krankheiten, Unfälle, Invalidität) drohten zudem für die Unternehmer selbst zum Problem zu werden, da sie mit wachsenden Qualifikationsanforderungen an die Arbeitskräfte Interesse an gesunden und leistungsfähigen Arbeitern hatten. Der staatliche Zugriff zur Sozialpolitik schien auch deshalb gerechtfertigt, weil niemand sonst die „soziale Frage" zu lösen sich anheischig machte: Die traditionellen sozialen Einrichtungen oder Organisationen, die Kirchen oder Privatvereine, waren angesichts des Massenelends überfordert und/oder ideologisch verstrickt, etwa in Vorstellungen vom Vorrang einer moralischen Besserung vor der materiellen für die Arbeiter, was dem konkreten Elend nicht abhelfen konnte.

Die Arbeiterbewegung selbst war aufgrund des Koalitionsverbots bis 1869 und des Sozialistengesetzes (1878 – 1890) staatlicherseits daran gehindert, zum Beispiel über kraftvolle Lohnkämpfe soziale Absicherungen zu erstreiten oder in eigener Selbsthilfe wirksame Sozialpolitik zu veranstalten. Solche Einrichtungen der Arbeiterklasse hat es zwar gegeben, das politisch-administrative Umfeld hat aber alles getan, um ihre Ausbreitung zu verhindern (Angst vor Verselbständigung und Politisierung der sozialen Bewegung). So hat der Staat in Deutschland in gewisser Weise den Grund für sein sozialpolitisches Eingreifen selbst geschaffen! — Arbeiterbewegung

Und viele Unternehmer endlich lehnten ausgebaute betriebliche Sozialleistungen, die ja auch einen Beitrag zur Entschärfung der „sozialen Frage" hätten sein können, wegen hoher Kosten und befürchteter Benachteiligung der Konkurrenz (Ausland) ab. Natürlich gab es auch etliche Unternehmer, die sich patriarchalisch-traditionell für — Unternehmer

## Geschichte der Sozialpolitik

„ihre" Arbeiter verantwortlich fühlten und Sozialeinrichtungen aufbauten (Krupp, Stumm, Dyckerhoff u.a.); aber dies war nicht die Regel.

*drei Traditionen staatlichen Handelns*

In seinen sozialpolitischen Maßnahmen konnte der Staat auf drei Traditionen staatlichen Handelns zurückgreifen: Auf die Gewährung von Sonderrechten und Rechtsprivilegien (zum Beispiel für die Kirche im Mittelalter), auf die Zulassung und Kontingentierung von Selbsthilfe (staatliche Bergwerkspolitik Preußens seit dem 16. Jahrhundert) und auf die amtliche beziehungsweise gemeindliche Armenfürsorge. Diese Traditionen lassen sich heute noch in der staatlichen Sozialpolitik erkennen (zum Beispiel Fürsorge- oder Selbsthilfepolitik).

*die Sozialgesetze der Bismarckzeit*

Da die Sozialpolitik Bismarcks wesentlich politisch und erst in zweiter Linie sozialpolitisch motiviert war, er die Sozialgesetze von 1883 (gesetzliche Krankenversicherung), 1884 (gesetzliche Unfallversicherung) und 1889 (Invaliditäts- und Altersversicherung) von wechselnden Bündnissen im bürgerlichen Lager verabschieden lassen mußte, waren die Maßnahmen nicht „aus einem Guß", basierten nicht auf einem einheitlichen Konzept, sondern waren in Form und Inhalt sehr unterschiedlich; im Grunde ist das bis heute so geblieben.

So wurden als Träger der gesetzlichen Krankenversicherung die Zwangs- und Ersatzkassen eingerichtet, die Beiträge wurden in einem Verhältnis von 2/3 zu 1/3 von den Arbeitern und Unternehmern aufgebracht. Bei der Unfallversicherung wurden die Berufsgenossenschaften als Träger neu geschaffen, die Beiträge wurden voll von den Unternehmern aufgebracht. Bei der Invaliditäts- und Altersversicherung wurden die neu geschaffenen Landesversicherungsanstalten auf Länder- oder Bezirksebene die Träger. Neben die Beiträge von Arbeitern und Unternehmern (2/3 zu 1/3) trat ein Staatszuschuß aus Steuermitteln. Diese Strukturen haben sich bis heute erhalten; ebenso die durch die organisatorische Trennung der Träger verursachte Erschwerung der Zusammenarbeit (zum Beispiel bei Behinderung durch einen Unfall) (vgl. Dokumentation 4, S. 40f.).

Die Sozialgesetze der Bismarckzeit wurden propagandistisch als großer Erfolg gefeiert; ihre Wirkung blieb anfänglich aber doch sehr begrenzt: Sie erfaßte zunächst erst die Fabrikarbeiter bis zu einem Jahreseinkommen von 2000,– RM; die Landarbeiter und die Familienangehörigen der Arbeiter blieben ausgeschlossen. Auch auf dem immer als wichtiger angesehenen Gebiet des Arbeiterschutzes gab es in der Bismarckzeit keine Fortschritte. Erst 1891 wurden durch eine entsprechende Novelle der Gewerbeordnung die Zuständigkeiten der Unternehmer für die Betriebssicherheit festgeschrieben, des weiteren die 24stündige Sonntagsruhe, der 10-Stunden-Tag für Jugendliche zwischen 14 und 16 Jahren, das Verbot der Kinderarbeit bis 13 Jahre, der Maximal-Arbeitstag bis 14 Jahre mit 6 Stunden, der 11-Stunden-Arbeitstag für Frauen, das Nachtarbeitsverbot für Frauen und Jugendliche. *Sozialgesetzgebung nach Bismarck*

Zwischen 1918 und 1933 wurden neben der Gewährung der Koalitions- und Tarifvertragsfreiheit und der Einführung des 8-Stunden-Tages (1918) zunächst einige wichtige soziale Leistungen zur Verbesserung der Lage der Arbeiter etabliert: 1920 wurden im Betriebsrätegesetz Mitbestimmungsmöglichkeiten der Lohnabhängigen gesetzlich verankert (gleichzeitig sollten damit weitergehende Forderungen nach allgemeiner Rätedemokratie abgewehrt werden); 1923 wurden im Reichsknappschaftsgesetz vor allem die Rentenleistungen für die Bergleute und ihre Hinterbliebenen verbessert und 1927 durch das Arbeitsvermittlungs- und Arbeitslosenversicherungsgesetz (AVAVG) die bestehenden Verordnungsregelungen in Gesetzesform gebracht und die Leistungen verbessert. Auch die Sozialpolitik für Nichterwerbstätige wurde vom Gesetzgeber angegangen. 1922 wurde mit dem Reichsjugendwohlfahrtsgesetz die Jugendfürsorge vereinheitlicht und verbessert (unter anderem durch Festlegung der Pflicht zum Aufbau von kommunalen Jugendämtern) und mit den Grundsätzen über die öffentlichen Fürsorgeleistungen 1924 die Armenhilfe vereinheitlicht und verrechtlicht. *Sozialpolitik in der Zeit der Weimarer Republik*

Diese sozialpolitischen Maßnahmen kamen, soweit sie nach 1920 erfolgten, in der Regel durch ein politisches Zusammengehen (Kompromiß) von SPD und Zentrum im Reichstag zustande.

Die Wirtschafts-, Gesellschafts- und Staatskrise der Jahre 1930 bis 1933 (5 Mio Arbeitslose; Notverordnungspolitik des Reichspräsidenten) führte nicht nur dazu, daß die sozialen Rechte wie Tarif- oder Koalitionsfreiheit faktisch unwirksam wurden, sondern daß auch – vor allem im Bereich der Arbeitslosenversicherung – die zuvor erreichten Leistungsverbesserungen wieder völlig abgebaut wurden.

Geschichte der Sozialpolitik

**Sozialpolitik des NS-Regimes**

Die nationalsozialistische Sozialpolitik konnte so auf eine in weiten Teilen de facto schon zerschlagene Sozialpolitik anknüpfen: Die Mitbestimmung, die Koalitions- und Tarifvertragsfreiheit wurden in den Gesetzen über die Treuhänder der Arbeit (1933) und zur Ordnung der nationalen Arbeit (1934) wieder abgeschafft und das Führerprinzip durchgesetzt. Schon Anfang Mai 1933 waren die Gewerkschaften zerschlagen worden. Im übrigen versuchte die NS-Sozialpolitik, etwa über die Einrichtung der NS-Volkswohlfahrt und weitgehende Gleichschaltung der freien Wohlfahrtsverbände, die Einbeziehung von Handwerkern in die gesetzliche Rentenversicherung (1938) oder die Gewährung von Beihilfen für „Kinderreiche" (1935) die Idee der „Volksgemeinschaft" zu verwirklichen, die auf eine Instrumentalisierung der Bevölkerung für Kriegszwecke hinauslief. Schon mit dem Gesetz zur Regelung des Arbeitseinsatzes (1934) begannen die arbeitsmarktpolitischen Maßnahmen, die später in Verordnungen zum totalen Kriegseinsatz umgewandelt wurden. Jegliche Rechte der Lohnabhängigen waren beseitigt, die Arbeitskräfte völlig in der Hand der Sozialadministration und das Vermögen der Sozialversicherung für Kriegszwecke mißbraucht.

**Sozialpolitik nach 1949 in der Bundesrepublik Deutschland**

Die beeindruckend lange Liste der sozialpolitischen Gesetze seit 1949 (vgl. Dokumentation 5, S. 42 f.) sollte nicht darüber hinwegtäuschen, daß die meisten Maßnahmen der Wiederherstellung und Verbesserung beziehungsweise Erweiterung von schon bestehenden oder vor 1933 existierenden Leistungen dienten. Neue sozialpolitische Maßnahmen sind – bis heute – selten: So kann man allenfalls die Leistungen zur Ausbildungsförderung (1969, 1971), zur Förderung der Familie (1979, 1985), zur Förderung des Wohnungsbaus (1950ff.) und zur Förderung der „Vermögensbildung in Arbeitnehmerhand" (1961) als neu ansehen. Typisch für die Entwicklung in der Bundesrepublik Deutschland ist die Kontinuität der Verrechtlichung sozialer Maßnahmen (zum Beispiel Mitbestimmungsgesetz 1976) und die Praxis, analog zur parlamentarischen Mehrheit von CDU/CSU oder SPD in den jeweiligen Koalitionskonstellationen ihre sozialpolitischen Vorstellungen zu verwirklichen.

Seit 1977 (Krankenversicherungs-Kostendämpfungsgesetz) ist in der Gesetzgebung ein deutliches Schwergewicht von kosten- und leistungseinengenden „Reformgesetzen" unverkennbar.

**Diskussion**

- Warum entstand die „soziale Frage"?
- Wo könnten Gründe dafür liegen, daß der Gesetzgeber zuerst Leistungen zur Arbeiterversicherung und dann später zum Arbeiterschutz beschlossen hat?

## Dokumentation 4

### KRANKENVERSICHERUNGSGESETZ 1883

**Wir Wilhelm,** von Gottes Gnaden Deutscher Kaiser, König von Preußen ꝛc.

verordnen im Namen des Reichs, nach erfolgter Zustimmung des Bundesraths des Reichstags, was folgt:

#### A. Versicherungszwang.

**§. 1.**

Personen, welche gegen Gehalt oder Lohn beschäftigt sind:
1. in Bergwerken, Salinen, Aufbereitungsanstalten, Brüchen und Gruben, in Fabriken und Hüttenwerken, beim Eisenbahn- und Binnendampfschifffahrtsbetriebe, auf Werften und bei Bauten,
2. im Handwerk und in sonstigen stehenden Gewerbebetrieben,
3. in Betrieben, in denen Dampfkessel oder durch elementare Kraft (Wind, Wasser, Dampf, Gas, heiße Luft ꝛc.) bewegte Triebwerke zur Verwendung kommen, sofern diese Verwendung nicht ausschließlich in vorübergehender Benutzung einer nicht zur Betriebsanlage gehörenden Kraftmaschine besteht,

sind, mit Ausnahme der im §. 2 unter Ziffer 2 bis 6 aufgeführten Personen, sofern nicht die Beschäftigung ihrer Natur nach eine vorübergehende oder durch den Arbeitsvertrag im voraus auf einen Zeitraum von weniger als einer Woche beschränkt ist, nach Maßgabe der Vorschriften dieses Gesetzes gegen Krankheit zu versichern.

Betriebsbeamte unterliegen der Versicherungspflicht nur, wenn ihr Arbeitsverdienst an Lohn oder Gehalt sechszweidrittel Mark für den Arbeitstag nicht übersteigt.

Als Gehalt oder Lohn im Sinne dieses Gesetzes gelten auch Tantiemen und Naturalbezüge. Der Werth der letzteren ist nach Ortsdurchschnittspreisen in Ansatz zu bringen.

**§. 2.**

Durch statutarische Bestimmung einer Gemeinde für ihren Bezirk, oder eines weiteren Kommunalverbandes für seinen Bezirk oder Theile desselben, kann die Anwendung der Vorschriften des §. 1 erstreckt werden:
1. auf diejenigen in §. 1 bezeichneten Personen, deren Beschäftigung ihrer Natur nach eine vorübergehende oder durch den Arbeitsvertrag im voraus auf einen Zeitraum von weniger als einer Woche beschränkt ist,
2. auf Handlungs-Gehülfen und -Lehrlinge, Gehülfen und Lehrlinge in Apotheken,
3. auf Personen, welche in anderen als den in §. 1 bezeichneten Transportgewerben beschäftigt werden,
4. auf Personen, welche von Gewerbetreibenden außerhalb ihrer Betriebsstätten beschäftigt werden,
5. auf selbstständige Gewerbetreibende, welche in eignen Betriebsstätten im Auftrage und für Rechnung anderer Gewerbetreibender mit der Herstellung oder Bearbeitung gewerblicher Erzeugnisse beschäftigt werden (Hausindustrie),
6. auf die in der Land- und Forstwirthschaft beschäftigten Arbeiter.

Die auf Grund dieser Vorschrift ergehenden statutarischen Bestimmungen müssen neben genauer Bezeichnung derjenigen Klassen von Personen, auf welche die Anwendung der Vorschriften des §. 1 erstreckt werden soll, Bestimmungen über die Verpflichtung zur An- und Abmeldung, sowie über die Verpflichtung zur Einzahlung der Beiträge enthalten.

Sie bedürfen der Genehmigung der höheren Verwaltungsbehörde und sind in der für Bekanntmachungen der Gemeindebehörden vorgeschriebenen oder üblichen Form zu veröffentlichen.

§. 3.

Auf Beamte, welche in Betriebsverwaltungen des Reichs, eines Bundesstaates oder eines Kommunalverbandes mit festem Gehalt angestellt sind, finden die Bestimmungen der §§. 1, 2 dieses Gesetzes keine Anwendung.

Auf ihren Antrag sind von der Versicherungspflicht zu befreien, Personen, welche im Krankheitsfalle mindestens für dreizehn Wochen auf Verpflegung in der Familie des Arbeitgebers oder auf Fortzahlung des Gehaltes oder des Lohnes Anspruch haben.

§. 6.

Als Krankenunterstützung ist zu gewähren:
1. vom Beginn der Krankheit ab freie ärztliche Behandlung, Arznei, sowie Brillen, Bruchbänder und ähnliche Heilmittel;
2. im Falle der Erwerbsunfähigkeit, vom dritten Tage nach dem Tage der Erkrankung ab für jeden Arbeitstag ein Krankengeld in Höhe der Hälfte des ortsüblichen Tagelohnes gewöhnlicher Tagearbeiter.

Die Krankenunterstützung endet spätestens mit dem Ablauf der dreizehnten Woche nach Beginn der Krankheit.

Die Gemeinden sind ermächtigt, zu beschließen, daß bei Krankheiten, welche die Betheiligten sich vorsätzlich oder durch schuldhafte Betheiligung bei Schlägereien oder Raufhändeln, durch Trunkfälligkeit oder geschlechtliche Ausschweifungen zugezogen haben, das Krankengeld gar nicht oder nur theilweise gewährt wird, sowie daß Personen, welche der Versicherungspflicht nicht unterliegen und freiwillig der Gemeinde-Krankenversicherung beitreten, erst nach Ablauf einer auf höchstens sechs Wochen vom Beitritte ab zu bemessenden Frist Krankenunterstützung erhalten.

Das Krankengeld ist wöchentlich postnumerando zu zahlen.

§. 88.

Die Bestimmungen dieses Gesetzes treten, soweit sie die Beschlußfassung über die statutarische Einführung des Versicherungszwanges, sowie die Herstellung der zur Durchführung des Versicherungszwanges dienenden Einrichtungen betreffen, mit dem 1. Dezember 1883, die übrigen mit dem 1. Dezember 1884 in Kraft.

Urkundlich unter Unserer Höchsteigenhändigen Unterschrift und beigedrucktem Kaiserlichen Insiegel.

Gegeben Berlin, den 15. Juni 1883.

(L. S.) Wilhelm.

Fürst v. Bismarck.

Quelle: Reichsgesetzblatt Nr. 9, 21. Juni 1883, S. 73 ff.

## PERIODISIERTE ZEITTAFEL GRUNDLEGENDER SOZIALPOLITISCHER GESETZE

| Sozialpolitischer Bereich | 1839 bis 1880 | 1881 bis 1918 | 1918 bis 1933 | 1933 bis 1945 | 1949 bis 1986 |
|---|---|---|---|---|---|
| Arbeitnehmerschutz | 1839 Regulativ über die Beschäftigung jugendlicher Arbeiter in den Fabriken<br>1845 Allgemeine Gewerbeordnung<br>1853 Gesetz über Fabrikinspektoren | 1891 Arbeiterschutzgesetz<br>1901 Kinderschutzgesetz | 1918 Anordnung über die Regelung der Arbeitszeit gewerblicher Arbeiter<br>1927 Gesetz über die Beschäftigung vor und nach der Niederkunft | 1935 Gesetz über Wochenhilfe<br>1938 Jugendschutzgesetz | 1951 Kündigungsschutzgesetz<br>1952 Mutterschutzgesetz<br>1960 Gesetz zum Schutz der arbeitenden Jugend<br>1963 Bundesurlaubsgesetz<br>1971 Schüler-, Studenten- und Kindergartenkinderunfallversicherung |
| Sozialversicherung | | 1883 Gesetz, betr. die Krankenversicherung der Arbeiter<br>1884 Unfallversicherungsgesetz<br>1889 Gesetz, betr. die Invaliditäts- und Altersversicherung<br>1911 Reichsversicherungsordnung | 1923 Reichsknappschaftsgesetz<br>1927 Gesetz über Arbeitsvermittlung und Arbeitslosenversicherung | 1938 Gesetz über die Altersversorgung für das deutsche Handwerk | 1957 Neuregelungsgesetze der Rentenversicherung<br>1957 Altershilfe für Landwirte<br>1965–1968 Rentenversicherungsreform<br>1972 Krankenversicherung für Landwirte<br>1984 Vorruhestandsgesetz |
| Arbeitsmarktpolitik | | | 1918 Verordnung über Tarifverträge<br>1920 Verordnung über die Errichtung eines Reichsamts für Arbeitsvermittlung<br>1922 Arbeitsnachweisgesetz<br>1923 Verordnung über das Schlichtungswesen | 1933 Gesetz über Treuhänder der Arbeit<br>1934 Gesetz zur Ordnung der nationalen Arbeit<br>1934 Gesetz zur Regelung des Arbeitseinsatzes | 1949 Tarifvertragsgesetz<br>1952 Gesetz über die Festsetzung von Mindestarbeitsbedingungen<br>1969 Arbeitsförderungsgesetz<br>1985/86 Beschäftigungsförderungsgesetz |

# Dokumentation 5

| | | | | |
|---|---|---|---|---|
| Betriebs- und Unternehmensverfassungspolitik | 1916 Hilfsdienstgesetz | 1920 Betriebsrätegesetz<br>1922 Gesetz über die Entsendung von Betriebsratsmitgliedern in den Aufsichtsrat | | 1951 Montanmitbestimmungsgesetz<br>1952 Betriebsverfassungsgesetz<br>1955 Personalvertretungsgesetz<br>1976 Mitbestimmungsgesetz |
| Fürsorge- und Sozialhilfepolitik | | 1922 Jugendwohlfahrtsgesetz<br>1924 Grundsätze über öffentliche Fürsorgeleistungen | | 1961 Bundessozialhilfegesetz<br>1961 Gesetz für Jugendwohlfahrt<br>1974 Schwerbehindertengesetz |
| Familienpolitik | | | 1935 Verordnung über die Gewährung von Kinderbeihilfen an kinderreiche Familien | 1954 Kindergeldgesetz<br>1979 Mutterschaftsurlaub<br>1985/86 Erziehungsgeld |
| Wohnungspolitik | | | | 1950 1. Wohnungsbaugesetz<br>1952 Wohnungsbauprämiengesetz<br>1964/65 Wohngeldgesetz |
| Vermögenspolitik | | | | 1959 Sparprämiengesetz<br>1961 Gesetz zur Förderung der Vermögensbildung |
| Bildungspolitik | | | | 1969 Berufsbildungsgesetz<br>1971 Bundesausbildungsförderungsgesetz<br>1981 Berufsbildungsförderungsgesetz |

Quelle: Heinz Lampert: Grundzüge der Sozialpolitik in der Bundesrepublik Deutschland. In: Das Sozialsystem der Bundesrepublik Deutschland. Beiträge zur Arbeitsmarkt- und Berufsforschung (BeitrAB 83) 1983: 3 (ergänzt; aus: Informationen zur politischen Bildung 215/1987: 31).

## 4. Kapitel
## Wir sind ja so sozial –
## die Sozialleistungen im Überblick

*Sozialstaat „für alle"*

Wie schon anhand der kurzen Darstellung der historischen Entwicklung im vorigen Kapitel deutlich wurde, ist der bundesdeutsche Sozialstaat längst nicht mehr nur eine Veranstaltung für Arme wie im Früh- beziehungsweise Vorkapitalismus oder für Lohnabhängige wie im Hochkapitalismus. Spätestens 1938, als für die Handwerker eine eigene gesetzliche Rentenversicherung geschaffen wurde, waren die Weichen in Richtung auf einen Sozialstaat für jeden gestellt; 1957 kamen die Bauern hinzu (Rentenversicherung), 1954 die „Kinderreichen" (Kindergeld), 1971 die Schüler und Studenten (Krankenversicherung), 1972 die Unternehmer (Renten), 1979 die Mütter (Mutterschaftsurlaub), 1981 die Künstler (Renten- und Krankenversicherung).

*Schwerpunkt: Abdeckung von Risiken aus Lohnabhängigkeit*

Diese Ausweitung darf natürlich nicht darüber hinwegtäuschen, daß der Sozialstaat in erster Linie die Risiken abdecken will, die im Zusammenhang mit lohnabhängiger Arbeit entstehen: Krankheit, Unfall, Arbeitslosigkeit, Mittellosigkeit im Alter.

*Heterogenität des sozialstaatlichen Leistungssystems*

Aber sie führt dazu, daß die Systeme der sozialen Absicherung selbst von Fachleuten kaum noch überschaubar sind. Auch der Sozialstaat der Nachkriegszeit ist nicht nach einem einheitlichen Plan, „aus einem Guß" entstanden. Er folgt keinem einheitlichen Organisations- oder Leistungstypen, sondern ist ein äußerst heterogenes Gebilde. Viele Wissenschaftler und Politiker hatten nach 1945 gefordert, der politische Neuanfang müsse nun auch für eine umfassende Sozialreform genutzt werden. Die Leistungen müßten verbessert und vor allem müßte das schwer durchschaubare Gewirr von parallelen Trägern (zum Beispiel im Rentenwesen) neu geordnet werden. Die Forderungen nach einer Sozialreform wurden vor allem von der politischen Linken unterstützt und bis etwa 1957 (Rentenreform: Individualisierung der Dynamisierung, Beibehaltung der bestehenden Trägerstruktur) erhoben.

Diese Heterogenität hat im wesentlichen drei Gründe: Zum ersten wurde Sozialpolitik – auch nach Bismarck – immer aus politischen Gründen betrieben. Die Parteien wollten Wahlen gewinnen, die eigene „soziale Klientel" bedienen, andere nicht verprellen, und erst in zweiter Linie an einem sozialpolitischen Gesamtwerk (weiter-)arbeiten. Zweitens war der jeweils regierende „politische Block" nie eine Einheit; meistens gab es nach 1919 Koalitionsregierungen, in denen der kleinste gemeinsame Nenner die Lösung eines Problems begründete, so daß in der Sozialpolitik nie ein „großer Wurf" gelang (oder auch nur ernsthaft verursacht wurde) und immer wieder nur Kompromißlösungen und Hilfskonstruktionen beschlossen wurden. Selbst wenn eine Partei, wie zwischen 1957 und 1961 allein eine Regierungsmehrheit innehatte, mußte auf diverse „Flügel" oder auf das knappe Geld Rücksicht genommen werden. Und drittens schließlich war der Wechsel eines „Mehrheitsblocks", wie 1969 oder 1982, immer auch mit einer Richtungsveränderung verbunden, der zwar nicht die gesamte Sozialpolitik umkrempelte, aber doch neue Akzente zu den vorgefundenen Strukturen hinzuzusetzen versuchte. So will die jetzige Regierung unverkennbar verstärkt Akzente in der Familienpolitik setzen; sie „flickt" in das bestehende beziehungsweise von ihr ausgedünnte Sozialleistungssystem familienpolitische Leistungen hinein, muß aber dabei, wie beim Erziehungsgeld (vgl. 7. Kapitel), das bestehende System „Kindergeld" erhalten, um bei dem entsprechenden Bezieherkreis keine Wähler/-innen zu verprellen. So wird der mehr oder wenige warme Teppich „Sozialstaat" um einen mehr oder weniger großen Flicken bunter.

Wie aber kommt man nun zu einem brauchbaren Überblick über das System der Sozialleistungen? Einen systematischen Überblick über die Bereiche der gesamten Sozialpolitik im Sinne der im 2. Kapitel angeführten Definition zu erstellen, ist allein schon wegen der Vielzahl der Beteiligten, ihrer unterschiedlichen Rollen, Politikformen und Funktionen vom Gesetzgeber bis zum wissenschaftlichen Publizisten, vom Sachbearbeiter in der Sozialadministration bis zur ehrenamtlichen Mitarbeiterin bei einem Wohlfahrtsverband in diesem Rahmen kaum möglich. Möglich ist aber ein systematischer Überblick über die realisierten Maßnahmen des Sozialstaats, über die „Leistungen zur sozialen Sicherung" (wie sie in der Terminologie der Bundesregierung heißen).

*Möglichkeiten zur Kategorisierung des Sozialleistungssystems*

Es gibt dazu mehrere Möglichkeiten: Man kann die Sozialleistungen nach verschiedenen Kategorien sortieren:
(1) nach ihrem Zweck und ihrer Funktion;
(2) nach Gesetzeskomplexen, nach Einrichtungen und Institutionen; und
(3) nach Leistungstypen und Vergabeformen.

Die Bundesregierung wählt heute vorzugsweise die Kategorisierung nach Zwecken und Funktionen. Diese Einteilung verwischt aber die Leistungsunterschiede gleicher Empfängergruppen, wenn zum Beispiel in der Statistik ein Geldbetrag für „Gesundheit" ausgewiesen ist. Eine solche Systematisierung ist gut fürs Image, taugt aber analytisch wenig (vgl. Dokumentation 6, S. 49f.). Daneben wird häufig die Darstellung nach Gesetzeskomplexen oder nach Institutionen verwendet. Sie gibt schon ein genaueres Bild, geht aber auf verschiedene Typen von Sozialleistungen nicht ein und läßt ebenso die in Geld kaum ausdrückbaren sozialen Rechte außer Betracht (vgl. Dokumentation 6, S. 49f.).

*drei Grundkategorien*

Wir werden im folgenden eine Mischung aus der Kategorisierung nach Institutionen und der Unterteilung nach Leistungstypen verwenden, um einen Gesamtüberblick zu erhalten. Da es keinen „Kanon" oder konsensuellen Begriff der Sozialpolitik gibt, müssen wir noch einmal von vorn anfangen und fragen: Um was geht es beim Sozialstaat? Antwort: Es geht um die Verteilung von als sozial bezeichnetem(n) Recht(en), Geld/Sachen und Diensten. Das sind die drei großen sozialpolitischen Leistungskategorien (im folgenden: „Systeme"), hinter denen sich jeweils eine Fülle von Einzelleistungen und -bestimmungen verbirgt. Gleichviel, welches sozialpolitische Paradigma von Sozialpolitik oder entsprechender Maßnahmen zum Tragen kommen, es geht immer um eine dieser Leistungskategorien. „Soziale Rechte", etwa als Mitbestimmungsrechte, stellen – inhaltlich und funktional gesehen – eine andere Kategorie dar als „soziale Geld- oder Sachleistungen". Da „Sachleistungen" nur eine andere

Form, aber keine unterschiedliche Funktion als die „Geldleistungen" haben, werden sie im folgenden begrifflich unter „Geldleistungen" mitgeführt. „Soziale Dienstleistungen" dagegen haben eine eigene Form und Funktion als die anderen Leistungskategorien und sollen daher auch besonders berücksichtigt werden (vgl. 9. Kapitel).

Wie wir in den folgenden Kapiteln sehen werden, kann man weitere sinnvolle Unterscheidungen bei den drei oben genannten Leistungskategorien vornehmen (vgl. Abbildung 2).

*Abbildung 2:* Leistungskategorien

| soziale Rechte | soziales Geld | soziale Dienste |
|---|---|---|
| Schutzrechte | Sozialversicherungsleistungen | Sozialversicherungsleistungen |
| Mitwirkungsrechte | Versorgungsleistungen | Fürsorgeleistungen |
| | Fürsorgeleistungen | |

Die landläufige Sozialleistung ist die Geldleistung. Sie ist für den Bürger am besten greifbar, beispielsweise die Rente (allein die Rentenleistungen machen gut die Hälfte der öffentlichen Sozialleistungen aus). Die sozialen Rechte kann man nicht oder nur sehr unzulänglich in Geld ausdrücken. Dagegen sind die sozialen Dienste als Personal- und Sachkosten ebenfalls gut darstellbar.

Die hier vorgenommene Unterteilung in verschiedene Leistungsarten findet in der sozialen Praxis natürlich so nicht statt. In Wirklichkeit gewähren die meisten Institutionen mehrere Hilfearten. So verteilt beispielsweise das Arbeitsamt Arbeitslosenunterstützung in Form von Geld, es leistet aber auch soziale Dienste als beratende oder das Verhalten der Arbeitslosen kontrollierende Instanz (Meldepflicht) (vgl. 6. Kapitel). Ähnlich werden gleichzeitig mit der Verteilung von Geld/Sache beziehungsweise Diensten auch Rechte gewährt (zum

Beispiel Anspruchs- oder Widerspruchsrechte). Aber ebenso wie für bestimmte Maßnahmen oder Leistungsbereiche die Verteilung von Geld- oder/und Sachleistungen wesentlich ist, obwohl dort, wie etwa im Wohngeldgesetz, auch Rechte gewährt werden, wird in den Bereichen, in denen die Verteilung von Rechten das wesentliche ausmacht (zum Beispiel Mitbestimmung), auch Geld verteilt, zumindest indirekt (etwa die Freistellung von Betriebsräten auf Kosten des Unternehmens). Insofern richtet sich die hier vorgenommene Unterscheidung zwischen Geld und Sachen sowie Diensten nach der wesentlichen Funktion der einzelnen Leistungen; sie dient also nur analytischen Zwecken.

Im folgenden sollen zunächst die großen sozialpolitischen Systeme besprochen werden, die im wesentlichen Geld verteilen beziehungsweise der Geldanteil dieser Systeme vorgestellt werden (5. bis 8. Kapitel). Im 9. Kapitel werden die sozialen Dienstleistungen und im 10. Kapitel die sozialen Rechte untersucht.

---

**Diskussion**

- Wäre es nicht besser, die Hilfen zu konzentrieren und zu massieren, statt nach dem sogenannten „Gießkannenprinzip" zu verfahren?
- Gibt es Personenkreise, die keine Ansprüche auf Sozialleistungen haben?
- Warum gibt es verhältnismäßig viele Geldleistungen und wenig (für) soziale Dienstleistungen?

## DIE SOZIALLEISTUNGEN NACH INSTITUTIONEN UND FUNKTIONEN
### Leistungen nach Institutionen

|  | 1980 | 1984 | 1985 | 1986 | 1990 | 1980 | 1984 | 1985 | 1986 | 1990 |
|---|---|---|---|---|---|---|---|---|---|---|
|  | in Mio. DM ||||| Anteile am Bruttosozialprodukt in % |||||
| **Sozialbudget**[1] | 475 730 | 554 574 | 572 297 | 603 782 | 688 622 | *32,0* | *31,6* | *31,1* | *31,0* | *29,4* |
| **Allgemeines System** | 281 718 | 343 215 | 353 588 | 368 705 | 427 194 | *19,0* | *19,5* | *19,2* | *18,9* | *18,3* |
| Rentenversicherung | 142 585 | 171 377 | 175 237 | 179 584 | 214 273 | *9,6* | *9,8* | *9,5* | *9,2* | *9,2* |
| – Rentenv. der Arbeiter | 80 216 | 94 863 | 96 020 | 97 240 | 112 390 | *5,4* | *5,4* | *5,2* | *5,0* | *4,8* |
| – Angestelltenversicherung | 57 137 | 71 211 | 77 390 | 81 540 | 98 020 | *3,9* | *4,1* | *4,2* | *4,2* | *4,2* |
| – Knappschaftliche Rentenversicherung | 13 319 | 14 670 | 14 470 | 14 970 | 16 720 | *0,9* | *0,8* | *0,8* | *0,8* | *0,7* |
| Krankenversicherung | 90 066 | 108 944 | 114 543 | 118 535 | 138 690 | *6,1* | *6,2* | *6,2* | *6,1* | *5,9* |
| Unfallversicherung | 10 019 | 11 395 | 11 673 | 11 986 | 13 874 | *0,7* | *0,7* | *0,6* | *0,6* | *0,6* |
| Arbeitsförderung | 22 844 | 37 968 | 38 990 | 43 654 | 45 263 | *1,5* | *2,2* | *2,1* | *2,2* | *1,9* |
| Kindergeld | 17 609 | 14 967 | 14 464 | 14 590 | 13 600 | *1,2* | *0,9* | *0,8* | *0,8* | *0,6* |
| Erziehungsgeld |  |  |  | 1 705 | 2 900 |  |  |  | *0,1* | *0,1* |
| **Sondersysteme** | 3 695 | 4 411 | 4 590 | 4 940 | 5 813 | *0,3* | *0,3* | *0,3* | *0,3* | *0,3* |
| Altershilfe für Landwirte | 2 775 | 3 190 | 3 327 | 3 631 | 4 283 | *0,2* | *0,2* | *0,2* | *0,2* | *0,2* |
| Versorgungswerke | 920 | 1 221 | 1 263 | 1 309 | 1 530 | *0,1* | *0,1* | *0,1* | *0,1* | *0,1* |
| **Beamtenrechtliches System** | 46 331 | 50 911 | 52 039 | 54 220 | 59 585 | *3,1* | *2,9* | *2,8* | *2,8* | *2,6* |
| Pensionen | 32 947 | 36 104 | 36 793 | 38 055 | 41 270 | *2,2* | *2,1* | *2,0* | *2,0* | *1,8* |
| Familienzuschläge | 7 617 | 7 966 | 8 206 | 8 915 | 10 415 | *0,5* | *0,5* | *0,5* | *0,5* | *0,4* |
| Beihilfen | 5 767 | 6 841 | 7 040 | 7 250 | 7 900 | *0,4* | *0,4* | *0,4* | *0,4* | *0,3* |
| **Arbeitgeberleistungen** | 44 953 | 47 804 | 50 000 | 53 267 | 62 825 | *3,0* | *2,7* | *2,7* | *2,7* | *2,7* |
| Entgeltfortzahlung | 27 880 | 25 000 | 26 000 | 27 302 | 32 501 | *1,9* | *1,4* | *1,4* | *1,4* | *1,4* |
| Betriebliche Altersversorgung | 8 100 | 11 220 | 11 570 | 11 940 | 13 110 | *0,6* | *0,6* | *0,6* | *0,6* | *0,6* |
| Zusatzversorgung | 5 883 | 7 934 | 8 205 | 8 510 | 9 942 | *0,4* | *0,5* | *0,5* | *0,4* | *0,4* |
| Sonstige Arbeitgeberleistungen | 3 090 | 3 650 | 4 225 | 5 515 | 7 272 | *0,2* | *0,2* | *0,2* | *0,3* | *0,3* |
| **Entschädigungen** | 17 761 | 17 589 | 17 058 | 17 354 | 16 738 | *1,2* | *1,0* | *0,9* | *0,9* | *0,7* |
| Soziale Entschädigung (KOV) | 13 480 | 13 826 | 13 435 | 13 792 | 13 575 | *0,9* | *0,8* | *0,7* | *0,7* | *0,6* |
| Lastenausgleich | 1 713 | 1 404 | 1 297 | 1 227 | 954 | *0,1* | *0,1* | *0,1* | *0,1* | *0,0* |
| Wiedergutmachung | 2 156 | 2 016 | 1 980 | 2 000 | 1 770 | *0,2* | *0,1* | *0,1* | *0,1* | *0,1* |
| Sonstige Entschädigungen | 412 | 343 | 346 | 335 | 439 | *0,0* | *0,0* | *0,0* | *0,0* | *0,0* |
| **Soziale Hilfen und Dienste** | 40 771 | 43 997 | 45 286 | 47 166 | 50 781 | *2,8* | *2,5* | *2,5* | *2,4* | *2,2* |
| Sozialhilfe | 14 972 | 20 677 | 22 182 | 23 536 | 26 984 | *1,0* | *1,2* | *1,2* | *1,2* | *1,2* |
| Jugendhilfe | 6 789 | 7 602 | 7 761 | 7 863 | 8 090 | *0,5* | *0,4* | *0,4* | *0,4* | *0,4* |
| Ausbildungsförderung | 3 149 | 698 | 449 | 454 | 457 | *0,2* | *0,0* | *0,0* | *0,0* | *0,0* |
| Wohngeld | 2 009 | 2 594 | 2 648 | 3 068 | 3 150 | *0,1* | *0,2* | *0,1* | *0,2* | *0,1* |
| Öffentlicher Gesundheitsdienst | 1 669 | 1 880 | 1 930 | 2 000 | 2 300 | *0,1* | *0,1* | *0,1* | *0,1* | *0,1* |
| Vermögensbildung | 12 183 | 10 546 | 10 296 | 10 245 | 9 800 | *0,8* | *0,6* | *0,6* | *0,5* | *0,4* |
| **Direkte Leistungen insgesamt** | 433 840 | 506 327 | 520 825 | 543 363 | 621 045 | *29,2* | *28,8* | *28,3* | *27,9* | *26,5* |
| **Indirekte Leistungen** | 41 890 | 48 247 | 51 472 | 60 419 | 67 577 | *2,8* | *2,8* | *2,8* | *3,1* | *2,9* |
| Steuerliche Maßnahmen | 35 930 | 43 177 | 46 052 | 54 879 | 61 357 | *2,4* | *2,5* | *2,5* | *2,8* | *2,6* |
| Vergünstigungen im Wohnungswesen | 5 960 | 5 070 | 5 420 | 5 540 | 6 220 | *0,4* | *0,3* | *0,3* | *0,3* | *0,3* |

1 Darin sind enthalten an Ehegattensplitting (in Mrd. DM): 23,3 in 1980, 25,0 in 1984, 26,9 in 1985, 27,8 in 1986 und 33,0 in 1990.

Quelle: Bundesminister für Arbeit und Sozialordnung 1986: 103, 118.

## Leistungen nach Funktionen

| | 1980 | 1984 | 1985 | 1986 | 1990 |
|---|---|---|---|---|---|
| | \multicolumn{5}{c}{in Mio. DM} | | | | |
| Sozialbudget[1] | 475 730 | 554 574 | 572 297 | 603 779 | 688 623 |
| Ehe und Familie | 61 936 | 65 315 | 67 738 | 78 455 | 88 452 |
| Kinder | 32 647 | 31 194 | 31 415 | 41 312 | 43 923 |
| Ehegatten | 25 348 | 30 327 | 32 393 | 33 471 | 40 470 |
| Mutterschaft | 3 941 | 3 794 | 3 930 | 3 671 | 4 059 |
| Gesundheit | 157 799 | 183 258 | 191 786 | 199 778 | 232 671 |
| Vorbeugung | 9 967 | 10 220 | 11 081 | 11 728 | 13 763 |
| Krankheit | 112 477 | 129 446 | 135 666 | 141 095 | 164 876 |
| Arbeitsunfall, Berufskrankheit | 11 987 | 13 346 | 13 768 | 14 251 | 16 592 |
| Invalidität (allgemein) | 23 368 | 30 246 | 31 270 | 32 704 | 37 441 |
| Beschäftigung | 30 732 | 44 610 | 46 089 | 52 269 | 57 022 |
| Berufliche Bildung | 10 721 | 9 658 | 10 107 | 12 467 | 15 777 |
| Mobilität | 5 735 | 5 201 | 6 172 | 8 902 | 12 009 |
| Arbeitslosigkeit | 14 276 | 29 752 | 29 810 | 30 901 | 29 235 |
| Alter und Hinterbliebene | 185 225 | 218 646 | 223 785 | 230 377 | 267 333 |
| Alter | 173 412 | 207 178 | 212 026 | 218 270 | 253 271 |
| Hinterbliebene | 11 812 | 11 468 | 11 759 | 12 107 | 14 062 |
| Übrige Funktionen | 40 039 | 42 745 | 42 899 | 42 900 | 43 145 |
| Folgen politischer Ereignisse | 9 086 | 9 895 | 9 747 | 10 129 | 10 217 |
| Wohnen | 10 383 | 11 314 | 12 296 | 12 838 | 11 715 |
| Sparförderung | 17 283 | 16 466 | 16 236 | 16 085 | 17 050 |
| Allgemeine Lebenshilfen | 3 287 | 5 070 | 4 620 | 3 849 | 4 163 |
| | \multicolumn{5}{c}{Anteile am Bruttosozialprodukt in %} | | | | |
| Sozialbudget | 32,0 | 31,6 | 31,1 | 31,0 | 29,4 |
| Ehe und Familie | 4,2 | 3,7 | 3,7 | 4,0 | 3,8 |
| Kinder | 2,2 | 1,8 | 1,8 | 2,1 | 1,9 |
| Ehegatten | 1,7 | 1,7 | 1,8 | 1,7 | 1,7 |
| Mutterschaft | 0,3 | 0,2 | 0,2 | 0,2 | 0,2 |
| Gesundheit | 10,6 | 10,4 | 10,4 | 10,3 | 9,9 |
| Vorbeugung | 0,7 | 0,6 | 0,6 | 0,6 | 0,6 |
| Krankheit | 7,5 | 7,4 | 7,4 | 7,2 | 7,0 |
| Arbeitsunfall, Berufskrankheit | 0,8 | 0,8 | 0,8 | 0,7 | 0,7 |
| Invalidität (allgemein) | 1,6 | 1,7 | 1,7 | 1,7 | 1,6 |
| Beschäftigung | 2,1 | 2,5 | 2,5 | 2,7 | 2,4 |
| Berufliche Bildung | 0,7 | 0,6 | 0,6 | 0,6 | 0,7 |
| Mobilität | 0,4 | 0,3 | 0,3 | 0,5 | 0,5 |
| Arbeitslosigkeit | 1,0 | 1,7 | 1,6 | 1,6 | 1,3 |
| Alter und Hinterbliebene | 12,5 | 12,4 | 12,2 | 11,8 | 11,4 |
| Alter | 11,7 | 11,8 | 11,5 | 11,2 | 10,8 |
| Hinterbliebene | 0,8 | 0,7 | 0,6 | 0,6 | 0,6 |
| Übrige Funktionen | 2,7 | 2,4 | 2,3 | 2,2 | 1,8 |
| Folgen politischer Ereignisse | 0,6 | 0,6 | 0,5 | 0,5 | 0,4 |
| Wohnen | 0,7 | 0,6 | 0,7 | 0,7 | 0,5 |
| Sparförderung | 1,2 | 0,9 | 0,9 | 0,8 | 0,7 |
| Allgemeine Lebenshilfen | 0,2 | 0,3 | 0,3 | 0,2 | 0,2 |

1 Darin sind enthalten Ehegattensplitting (in Millionen DM): 20,3 in 1980, 25,0 in 1984, 26,9 in 1985, 27,8 in 1986, 34,0 in 1990.

Quelle: Bundesminister für Arbeit und Sozialordnung 1986: 103, 118.

# 5. Kapitel
# Verteilung von Geld –
# drei Prinzipien sorgen für Unterschiede

In erster Linie verteilt der Sozialstaat also Geld. Der Form nach wird es entweder in bar verteilt (zum Beispiel beim BAföG oder den Renten) oder es werden Kosten erstattet (zum Beispiel Arztkosten, Krankenversicherungsbeiträge für Arbeitslose) oder Sachen bezahlt (zum Beispiel Arznei, Hilfsmittel). Die Übersicht in Dokumentation 7 (S. 56) weist insgesamt 23 Leistungsarten auf, die vorwiegend als Geld verteilt werden; es sind dies dort alle aufgezählten Sozialleistungen außer „Öffentlicher Gesundheitsdienst" und die Jugendhilfe (diese ist in weiten Teilen kein Geld- oder Sachleistungssystem, sondern wird als Dienstleistungen gewährt). Daß es 23 (und mit dem neuen Erziehungsgeld von 1986 an dann 24) Leistungsarten sind, führt zu der bereits erwähnten Unübersichtlichkeit. Wie im vorigen Kapitel erläutert, lassen sich die Geld- beziehungsweise Sachleistungen noch einmal aufteilen in Leistungen nach

(a) dem Versicherungsprinzip
(b) dem Versorgungsprinzip
(c) dem Fürsorgeprinzip.

Diese Unterteilung macht nicht nur die Übersicht über das soziale Sicherungssystem einfacher, sie erlaubt auch eine nähere Charakterisierung dieser Leistungen selbst.

Die Leistungen nach dem *Versicherungsprinzip* nehmen den größten Ausgabenposten im Sozialbudget ein. Es handelt sich dabei um die Leistungen der gesetzlichen Renten-, Kranken-, Unfall- und Arbeitslosenversicherung (außer Arbeitslosenhilfe, die man zu den Versorgungsleistungen zählen muß). Sie stellen fast Dreiviertel des Sozialbudgets (vgl. Dokumentation 7, S. 56; vgl. auch 6. Kapitel). Versicherungsprinzip

## Geldleistungen

**individuelle Risikoabsicherung durch kollektive Fonds**

Das Versicherungsprinzip besagt, daß sich Personen mit gleichen oder verwandten Risikoproblemen (zum Beispiel Mittellosigkeit im Alter oder bei Arbeitslosigkeit, Krankheit usw.) zusammentun, eine Umlage oder regelmäßige Beiträge verabreden, woraus dann diejenigen Versicherten, die das Risiko trifft, alimentiert werden. Sie können dabei, anders als wenn sie individuell, etwa durch Sparen, Vorsorge treffen würden, vom Kumulationseffekt der Versicherung profitieren: Da nicht jeden Versicherten (immer) das Risiko trifft, können die Beiträge kleiner als etwaige monatliche Sparrücklagen sein, beziehungsweise bei gleichen Beträgen wären die Versicherungsleistungen im Risikofall höher als das individuell Ersparte.

Versichern ist ein uraltes Verfahren. Schon im antiken Athen kannte man solche Versicherungsvereine oder Kassen. Es ist auch keine originär staatliche Technik, um Risikoprobleme zu lösen. Die privaten (kommerziellen) Versicherungsunternehmen, die nach der gleichen Methode arbeiten, aber Gewinne machen, gibt es schon länger als die staatliche Versicherungspolitik (zum Beispiel Unternehmen für Schiffahrts-, Lebens-, Kranken-, Unfall- oder Hausversicherung).

Der Gesetzgeber griff, wie im 3. Kapitel gezeigt wurde, die Form der versicherungsmäßigen Selbsthilfe von Arbeitern, Unternehmern oder Handwerkerinnungen auf, als er 1883ff. die Sozialgesetze schuf. Er veranlaßte allerdings für bestimmte Arbeiter (bis zu einer maximalen Lohnhöhe) einen Zwangsbeitritt, die Normierung beziehungsweise Standardisierung der Leistungen und die Aufwertung der Träger als öffentlich-rechtliche und damit unter Staatsaufsicht stehende Einrichtungen.

**Vorleistung: keine Bedürftigkeitsprüfung**

Der Staat leistete sich bei der Invaliditäts- und Altersversicherung aus politischen Gründen („innere Reichsgründung") die versicherungsfremde Besonderheit eines Staatszuschusses (den es bis heute gibt). Weil man zum Erhalt der Leistungen nach dem Versicherungsprinzip erst Beiträge zahlen muß, also eine Vorleistung erbringen muß, wird dann im Risikofall nicht geprüft, ob man auch der Leistung bedürftig ist oder ob dies nicht der Fall ist. Allerdings wird die Höhe der

**Äquivalenz**

Leistung (beziehungsweise die Dauer der Zahlung) davon abhängig gemacht, wie lange Beitragszahlungen und in welcher Höhe gezahlt wurden (Äquivalenzprinzip). Aus diesem Grunde sind die Geldleistungen zum Beispiel der Rentenversicherung (Renten) oder Arbeitslosenversicherung (Arbeitslosengeld) nicht für jeden gleich. Obwohl also der Versicherte sich den Anspruch auf die Leistungen selber schafft, wird der Träger im Risikofall (zum Beispiel Rentenalter, Krankheitsfall) nicht selbst tätig und zahlt, sondern man muß einen Antrag stellen beziehungsweise als Betrieb den Fall melden. Die Träger der Sozialleistungen nach dem Versicherungsprinzip sind öffentlich-rechtliche Körperschaften (zum Beispiel die gesetzlichen Krankenkassen).

Sozialleistungen nach dem *Versorgungsprinzip* werden nicht aus Beiträgen, sondern aus Steuermitteln bezahlt. Zu ihnen gehören alle Sozialleistungen, die nicht unter die Rubriken „Versicherung" oder Sozial- und Jugendhilfe fallen (vgl. 7. Kapitel). Die Bezeichnung „Versorgung" ist stark beschönigend, da sie suggeriert, daß die betroffenen Leistungsempfänger durch den Empfang der Geldleistung in ihrem Bedarf zufriedengestellt, versorgt werden. Tatsächlich stellen gerade diese Versorgungsleistungen in der Regel sogenannte Zusatzentgelte, wie etwa das Kinder- oder Wohngeld und die meisten Kriegsopferleistungen, dar. Eine Versorgung im Sinne einer Bedarfsdeckung findet nur bei den Beamten statt (und nach Meinung vieler Experten gehören die Beamtenleistungen nicht zum Sozialbudget; vgl. Dokumentationen 6 und 7, S. 49f. und 56).

<small>Versorgungsprinzip</small>

Im Bereich der Versorgungsleistungen durchbricht der Sozialstaat am weitesten seinen traditionellen Bezug zur Arbeiterklasse. Die Leistungen werden hier eher nach Lebenslagen (Elternschaft: Kindergeld; Ausbildung: BAföG; Kriegsversehrtheit: Kriegsopferleistungen) als nach Soziallagen ausgegeben. Der Gesetzgeber definierte die entsprechenden sozialen Indikatoren wie „Elternschaft", „Auszubildender", „Mieter" oder „Kriegsbeschädigter" als unterstützenswürdige Tatbestände und legte so Systeme von Geldleistungen an. Er hatte die Leistungsempfänger auch als Wähler im Auge.

<small>Lebenslagen statt Soziallagen</small>

Dies hat zur Folge, daß der Empfängerkreis häufig groß und die Geldleistung pro Kopf aber gering ist. So decken die Kindergeldzahlungen, die als Grundbetrag auch Millionäre erhalten können, auch nicht nur annähernd die Kosten für das Aufziehen von Kindern; ähnlich wurden viele Kriegsopferleistungen als „Schnapsgeld" verspottet.

<small>steuerfinanzierte Massenleistungen: Geringe Pro-Kopf-Leistungen</small>

## Geldleistungen

**Zusatzgratifikation, nicht unbedingt bedürftigkeitsorientiert**

Man muß also sagen, daß die Versorgungsleistungen häufig den Charakter einer Zusatzgratifikation haben (vgl. 7. Kapitel). Versorgungsleistungen sind nicht unbedingt an die Prüfung der Bedürftigkeit gekoppelt (zum Beispiel Kindergeldgrundbetrag, Kriegsopferleistungen, Beamtenversorgung); sie wird aber – um den Empfängerkreis aus Geldknappheitsgründen nun doch nicht zu sehr auszuweiten – bei einigen neuen Versorgungsleistungen (Wohngeld, BAföG, Zuschläge beim Kindergeld) vorgeschrieben. Ebenso wie die Versicherungsleistungen erhält man die Versorgungsleistungen auf Antrag.

Die Träger der Leistungen sind staatlich (zum Beispiel Versorgungsamt) oder öffentlich-rechtlich (zum Beispiel Studentenwerk beim BAföG).

**Fürsorgeprinzip**

**orientiert an der gesamte Lebenssituation**

Sozialleistungen nach dem *Fürsorgeprinzip* (Sozial- und Jugendhilfe; vgl. 8. Kapitel) unterscheiden sich von den Versorgungsleistungen in der Ziel- und Handlungsrichtung dadurch, daß sie sich den betroffenen Personen in ihrer gesamten Lebenssituation zuwenden (wollen) und nicht nur in Teilfunktionen als Mieter, Kinderaufzieher oder Auszubildender. Das Fürsorgerische wird auch dadurch unterstrichen, daß der Träger der Leistungen (Sozial- oder Jugendamt beziehungsweise delegiert an freie Träger) im Sinne der Betroffenen Leistungen vergeben kann/muß, wenn ihm bekannt wird, daß jemand der Hilfe bedürftig ist (zum Beispiel Maßnahmen des Jugendamtes bei Gefährdung von Kindern); ein Antrag zum Erhalt von Leistungen ist also im Prinzip nicht nötig (wird aber wohl immer verlangt).

**steuerfinanzierte Leistungen**

Wie bei den Versorgungsleistungen handelt es sich um steuerfinanzierte Leistungen; Vorleistungen in Form von Beiträgen u. ä. sind nicht zu erbringen. Da die Fürsorge immer als das „letzte" Mittel angesehen wird – man unterstellt, daß der einzelne sich zunächst selbst helfen können soll –, wird bei Fürsorgeleistungen immer auch die Bedürftigkeit überprüft.

Träger von Fürsorgeleistungen können öffentlich (zum Beispiel Jugendamt) oder privat (Verbände, Vereine; zum Beispiel Erziehungsberatungsstelle) sein.

Die charakteristischen (Unterscheidungs-)Merkmale der drei Typen von Geld- (und Sach-)Leistungen lassen sich wie in Abbildung 3 (S. 55) darstellen.

Geldleistungen

*Abbildung 3:* (Unterscheidungs-)Merkmale der drei Typen von Geld-(und Sach-)Leistungen

| Versicherungsprinzip | Versorgungsprinzip | Fürsorgeprinzip |
|---|---|---|
| Vorleistungen | keine Vorleistungen | keine Vorleistungen |
| keine Bedürftig-keitsprüfung | teils/teils Bedürftigkeitsprüfung | Bedürftigkeitsprüfung |
| Antrag | Antrag | kein Antrag notwendig |
| öffentlich-rechtliche Träger | staatliche/öffentlich-rechtliche Träger | öffentliche/private Träger |

### Diskussion

- Beobachten Sie die zahlenmäßige Entwicklung der Leistungsarten in Dokumentation 7 (S. 56) und suchen Sie nach Gründen für die Veränderungen.
- Wäre es nicht gerecht, bei den Versorgungsleistungen generell eine Bedürftigkeitsprüfung einzuführen?
- Wie kann man begründen, daß Beamtenleistungen Sozialleistungen sind?

Dokumentation 7

## WAS KOSTET DER SOZIALSTAAT? – DAS SOZIALBUDGET 1950–1985
– Angaben in Mrd. DM – ohne indirekte und Arbeitgeberleistungen –

|  | 1950 | 1955 | 1960 | 1965 | 1970 | 1975 | 1980 | 1985 |
|---|---|---|---|---|---|---|---|---|
| **Versicherung** | | | | | | | | |
| Rentenversicherung Arbeiter | 2,3 | 4,8 | 10,5 | 19,8 | 31,8 | 61,8 | 79,5 | 96,0 |
| Rentenversicherung Angestellte | 0,9 | 2,0 | 5,2 | 9,5 | 16,4 | 44,1 | 58,0 | 77,3 |
| Knappschaftliche Rentenversicherung | 0,5 | 1,1 | 2,4 | 4,0 | 6,1 | 9,7 | 13,2 | 14,7 |
| Gesetzliche Krankenversicherung | 2,5 | 4,7 | 9,6 | 16,1 | 25,6 | 63,4 | 86,5 | 114,5 |
| Gesetzliche Unfallversicherung | 0,5 | 1,0 | 1,7 | 3,2 | 4,2 | 7,0 | 9,9 | 11,6 |
| Arbeitslosenversicherung/ Arbeitsförderung | 1,8 | 1,8 | 1,0 | 1,6 | 3,9 | 18,4 | 22,6 | 38,9 |
| **Versorgung** | | | | | | | | |
| Kindergeld | – | 0,4 | 0,9 | 2,8 | 2,9 | 14,7 | 17,6 | 14,4 |
| Altershilfe für Landwirte | – | – | 0,2 | 0,5 | 1,0 | 2,3 | 3,4 | 4,5 |
| Versorgungswerke | – | – | · | 0,4 | 0,9 | 1,9 | 2,7 | 3,2 |
| Pensionen Beamte | 2,5 | 5,0 | 6,9 | 10,6 | 15,8 | 27,0 | 34,9 | 36,8 |
| Familienzuschläge Beamte | 0,4 | 0,8 | 1,0 | 4,3 | 6,2 | 7,1 | 7,6 | 8,2 |
| Beihilfen Beamte | · | · | · | 1,2 | 2,0 | 3,6 | 5,6 | 7,0 |
| Zusatzversicherung im öffentlichen Dienst | · | · | · | 0,5 | 1,35 | 3,2 | 4,9 | 8,1 |
| Zusatzversicherung einzelner Berufe | · | · | · | · | 0,005 | 0,1 | 0,1 | 0,1 |
| Kriegsopferversorgung | 2,1 | 3,2 | 3,7 | 5,8 | 7,5 | 11,0 | 13,4 | 13,4 |
| Lastenausgleich | 0,7 | 0,9 | 1,3 | 2,0 | 1,7 | 1,8 | 1,7 | 1,2 |
| Wiedergutmachung | · | · | · | 1,8 | 2,0 | 2,4 | 2,0 | 1,9 |
| Sonstige Entschädigungen | · | · | · | 0,5 | 0,3 | 0,5 | 0,5 | 0,3 |
| Ausbildungsförderung | – | – | – | 0,1 | 0,6 | 3,0 | 3,3 | 0,4 |
| Wohngeld | – | – | – | 0,2 | 0,6 | 1,7 | 2,0 | 2,6 |
| **Fürsorge** | | | | | | | | |
| Sozialhilfe | 0,9 | 1,3 | 1,6 | 2,1 | 3,5 | 8,9 | 13,9 | 22,1 |
| Jugendhilfe | 0,02 | 0,05 | 0,05 | 0,9 | 1,5 | 4,1 | 5,8 | 7,7 |
| Öffentlicher Gesundheitsdienst | 0,1 | 0,2 | 0,4 | 0,5 | 0,7 | 1,3 | 1,4 | 1,9 |
| *Sozialbudget insgesamt* | 15,3 | 33,0 | 46,4 | 87,9 | 132,3 | 297,2 | 388,4 | 483,6 |
| Sozialleistungsquote % des Bruttosozialprodukts | 16,0 | 15,2 | 19,2 | 20,3 | 21,9 | 29,2 | 30,1 | 26,2 |

Quellen: Übersicht über die soziale Sicherung 1977, hrsg. vom Bundesminister für Arbeit und Sozialordnung. Bonn 1977; Statistisches Jahrbuch für die Bundesrepublik Deutschland 1981, 1984, 1986. Stuttgart, Bonn 1981, 1984, 1986.

# 6. Kapitel
# Krankheit, Unfall, Alter, Arbeitslosigkeit –
# Einführung in die Sozialversicherung

Was unterscheidet eine kommerzielle Krankenversicherung von der gesetzlichen Krankenversicherung? Oder wodurch wird eine Versicherung zur „Sozialversicherung"?

Bei einer kommerziellen Risiko- oder Leistungsversicherung werden die Beiträge („Prämien") nach Erfahrung der Höhe des Risikos bemessen. Derjenige, dessen Hausdach aus Stroh ist, hat auch höhere Versicherungsprämien zu zahlen als derjenige, der ein Betondach hat. Derjenige, der alt und krank ist, muß bei einer privaten Krankenversicherung höhere Beiträge zahlen als der, der jung und gesund ist. Grundsätzlich gilt auch, daß das individuelle Risiko versichert ist, was bedeutet, daß zum Beispiel Familienangehörige selber Beiträge zu zahlen haben. *Merkmale von privaten Versicherungen*

Bei der gesetzlichen Sozialversicherung ist das anders: *Merkmale der Sozialversicherung*
(1) Die Beiträge sind nicht nach Risiken gestaffelt, beziehungsweise die Leistungen sind für alle Berechtigten gleich hoch oder proportional entsprechend dem vorher bezogenen Einkommen (so bei Renten, Arbeitslosen- und Krankengeld);
(2) darüber hinaus sind die Beiträge keine festen DM-Beträge, sondern %-Anteile des (versicherungspflichtigen) Einkommens. Dies hat zur Folge, daß der, der viel verdient, effektiv mehr zu zahlen hat als der, der weniger verdient;
(3) Angehörige werden bei Renten- und Gesundheitsleistungen kostenlos mitversichert; beim Arbeitslosengeld erhalten Versicherte mit Kindern mehr Geld als Kinderlose.

Kurz: das „Soziale" an der Sozialversicherung besteht in den nicht zu übersehenden Umverteilungseffekten zugunsten der Familienmitglieder und der sogenannten „schlechten Risiken" (Alte, häufig Kranke, von Arbeitslosigkeit stärker Betroffene, Unfallbedrohte usw.). *Umverteilungseffekte*

## Sozialversicherungen

„Solidargemeinschaft" | Damit die Umverteilung aber nicht zu weit geht, wird durch eine Beitragsbemessungsgrenze bei den Versicherten dafür gesorgt, daß die besser Verdienenden nicht ihr gesamtes Einkommen bei der Beitragszahlung heranziehen müssen. Sie beträgt bei der Renten- und Arbeitslosenversicherung (1990) monatlich 6300,− DM und bei der Krankenversicherung 75% davon, also 4725,− DM. Auch die Koppelung der Geldleistungen an die vorher bezogenen Einkommen der Versicherten sorgt dafür, daß das Äquivalenzprinzip bei der Sozialversicherung trotz Umverteilung noch zum Tragen kommt: Ausdrücklich sind Einheitsrenten oder sonstige einheitliche Geldleistungen von den politischen Mehrheiten immer abgelehnt worden. Diese umverteilende Sozialversicherung wird in der politischen Rhetorik gerne als „Solidargemeinschaft" bezeichnet. Solidarität heißt hier nicht, daß jeder im Handeln gleich ist − wie man das vielleicht bei einer reinen Risikoversicherung sagen könnte −, sondern daß die einen für die anderen ein(zu)stehen (haben).

Im einzelnen gelten für die vier Zweige der Sozialversicherung die folgenden Regelungen:

Gesetzliche Krankenversicherung (GKV)

Versicherte

In der *Gesetzlichen Krankenversicherung* sind (mit-)versichert:
(1) Alle Arbeiter, Angestellte bis zu einem monatlichen Einkommen von 4725,− DM ( = Versicherungspflichtgrenze, die identisch mit der Beitragsbemessungsgrenze ist; seit 1971 sind diese Grenzen auf 75% der jeweiligen Beitragsbemessungsgrenze der Gesetzlichen Rentenversicherung fixiert); die Rentner, Studenten, Land- und Forstwirte und Arbeitslose;
(2) die Familienangehörigen, wenn sie weniger als 470,− DM monatlich verdienen;
(3) auf freiwilliger Basis: besser verdienende Angestellte mit einem Einkommen über der Versicherungspflichtgrenze und Schwerbehinderte.

In der gesetzlichen Krankenversicherung sind auf diese Weise rund 90% der Bevölkerung gesetzlich versichert (20,7 Mio Lohnabhängige, 10,4 Mio Rentner, 4,5 Mio Freiwillige, 19,2 Mio Familienangehörige).

Leistungen | Die wichtigsten Leistungen der GKV sind:
(1) Die kostenlose ärztliche Behandlung und die teilweise Übernahme der Kosten für die zahnärztliche Behandlung: 50% für aufwendige

Versorgungsformen, 60 % für mittlere und 70 % für einfache Versorgungsformen. Von 1991 an verringern sich die Zuschüsse um je 10 % bei unregelmäßiger Zahnpflege und Arztkonsultation;
(2) die weitgehend kostenlose Versorgung mit Arznei- und Heilmittel (bei Existenz von Festbeträgen keine Eigenbeteiligung, sonst 3, – DM pro Medikament, von 1992 an 15 %, maximal 15, – DM; von Zuzahlungen für zahnärztliche und ärztliche Leistungen befreit sind Alleinstehende mit einem Einkommen bis 1316, – DM/Monat; Freibeträge für Kinder von je 329, – DM, Verheiratete mit Einkommen unter 1732,50 DM. Kinder unter 18 Jahren zahlen Eigenbeträge für Fahrtkosten und Zahnersatz bei einem Freibetrag von 329, – DM; befreit ist man auch dann, wenn die Kosten mehr als 2 % des Einkommens ausmachen [über 54900, – DM: 4 %]);
(3) die weitgehend kostenlose Behandlung im Krankenhaus – Aufenthalt unbegrenzt – und in Kureinrichtungen (Eigenleistung 5, – DM pro Tag für die ersten 14 Tage im Krankenhaus für Vollmitglieder [von 1991 an 10, – DM pro Tag]), bei offenen Badekuren wird ein Zuschuß von 15, – DM pro Tag für Unterkunft und Verpflegung geleistet.
Weniger wichtig, weil nicht so häufig in Anspruch genommen, sind die folgenden Leistungen:
(1) Kostenlose häusliche Pflege als Ersatz für Krankenhauspflege bis 4 Wochen;
(2) kostenlose Hilfe zur Rehabilitation (Kann-Leistung) (bei stationärem Aufenthalt: 10, – DM Zuzahlung pro Tag [Befreiungsmöglichkeit wie oben]);
(3) Haushalts- beziehungsweise Betriebshilfe (Landwirtschaft), wenn im Haushalt mindestens ein Kind unter 8 Jahren lebt, das durch den Kranken versorgt wurde;
(4) Krankengeld von der 7. Krankheitswoche an (80 % des vorher bezogenen Lohns bis zur Höhe des Nettolohns, maximal 78 Wochen innerhalb von 3 Jahren; für weitere 5 Tage pro Jahr für jedes Kind unter 8 Jahren, das der/die Versicherte pflegen muß);
(5) Hilfen zur Empfängnisverhütung und zum legalen Schwangerschaftsabbruch.
Außerdem zahlt die Krankenkasse im Todesfall eines Versicherten:

(1) Ein Sterbegeld (maximal 2 100, – DM für Versicherte, 1 050, – DM für mitversicherte Familienangehörige; kein Sterbegeld für Versicherte, die nach dem 1. Januar 1989 Mitglied geworden sind);
(2) ein Urlaubsgeld in Höhe von maximal 1 800, – DM für bis zu 4 Wochen für Personen, die eine/n Pflegebedürftige/n betreuen, wenn sie eine Ersatzkraft wegen Urlaubs einstellen (1991: maximal 25 Pflegeeinsätze pro Monat, maximal 750, – DM je Monat).
Als Maßnahmen zur Krankheitsfrüherkennung werden gezahlt:
(1) für Kinder Untersuchungen in den ersten 6 Lebensjahren;
(2) für Frauen vom 20. und
(3) für Männer vom 45. Lebensjahr an;
(4) für alle Versicherten vom 35. Lebensjahr an.
Versicherte Mütter erhalten folgende Leistungen:
(1) Ärztliche Betreuung und die Arznei während der Schwangerschaft;
(2) ein Mutterschaftsgeld (6 Wochen vor bis 8 Wochen nach der Geburt. Bei versicherten Frauen (Mindestzeit 12 Wochen vor der Geburt) in Höhe des Krankengeldes, bei sonst beschäftigten Frauen maximal 750, – DM, bei nicht erwerbstätigen Frauen (einmalig) 150, – DM.

**Finanzierung und Organisation** Die Ausgaben der GKV werden durch Beiträge finanziert. Der Bund zahlt der GKV für deren Mutterschaftsleistungen einen Zuschuß (400, – DM pro Fall). Die Beitragssätze werden von den Krankenkassen beschlossen; sie liegen zur Zeit (1990) bei etwa 12,8 % der Grundlöhne ( = zuschlagsbereinigte Bruttolöhne). Die Beiträge werden je zur Hälfte von den Versicherten und den Unternehmern getragen; entsprechend sind die Gremien der Kassen (Vorstände und Vertreterversammlung) halbparitätisch besetzt. Studenten, Rentner, Landwirte und andere nicht lohnabhängige Gruppen zahlen weniger hohe Beitragssätze; die Renter zum Beispiel zahlen Beiträge in Höhe der Hälfte der durchschnittlichen Beitragssätze der beschäftigten Versicherten (6,5 % der Rente).
Aus historischen Gründen (vgl. 3. Kapitel) gibt es auch heute noch keinen einheitlichen Typ von Krankenkasse. Es gibt in der Bundesrepublik Deutschland zur Zeit etwa 1 250 Orts-, Betriebs-, Innungs-, landwirtschaftliche und Ersatzkassen. Etwa zwei Drittel davon sind

Betriebskrankenkassen. Einheitlich bei dieser „Zersplitterung" des Kassenwesens ist: Als Träger der GKV müssen sie die oben angegebenen Leistungen gewähren, stehen unter staatlicher Aufsicht und sind Körperschaften des öffentlichen Rechts. Die Krankenkassen haben Dachverbände (zum Beispiel Bundesverband der Ortskrankenkassen, Sitz: Bonn), die unter anderem Verhandlungspartner der Kassenärztlichen Vereinigungen (die die Kosten für ärztliche Behandlung einfordern, um die Gelder an die Ärzte weiterzuleiten) und auch Verhandlungspartner der Krankenhausträger (Pflegesatzverhandlungen) sind.

Die GKV ist heute eine der umstrittendsten Sozialleistungen. Seit dem Krieg fordern Experten eine grundlegende Reform. Richtete sich die Kritik bis Ende der 60er Jahre eher noch auf die organisatorische Zersplitterung (Beitragsgefälle zwischen den Kassen) und die Ungleichbehandlung von Arbeitern und Angestellten (beim Krankengeld, das seit 1969 auch für Arbeiter erst nach der Lohnfortzahlung im Krankheitsfall ab der 7. Woche gezahlt werden muß), so tritt seit den 70er Jahren die als „Kostenexplosion" bezeichnete exorbitante Ausgabensteigerung als Symptom eines komplexen Systemproblems in den Vordergrund. Die Ausgabensteigerung um ca. das 50fache seit 1950 (vgl. Dokumentation 7, S. 56) ist überdurchschnittlich hoch. Es ist zwar unbestritten, daß bestimmte sozial-ökonomische Faktoren für die Ausgabensteigerung gesorgt haben, etwa

(a) die Ausweitung des zwangsversicherten Personenkreises;
(b) der Ausbau des Gesundheitswesens (zum Beispiel Verdoppelung der Ärztezahlen seit 1960);
(c) die Veränderung der Morbiditätsstruktur;
(d) die Zunahme der Altersquote;
(e) die Verbesserung, Verteuerung und zahlenmäßige Zunahme der medizinischen Apparate;
(f) der Ausbau der Leistungen (zum Beispiel Hineinnahme der Vorsorgeuntersuchungen 1971).

Die 1989 in Kraft getretene „Gesundheitsreform" ist nach fast einhelliger Ansicht der Experten eher eine Maßnahme zur Kostenbegrenzung und -kontrolle als eine Maßnahme zur Verbesserung der Effizienz der GKV. Nach wie vor sind aber die Fachleute und auch viele

Politiker der Ansicht, daß die „Kostenexplosion" nicht so sehr durch ungebremste und tendenzielle, vielleicht auch ungerechtfertigte Inanspruchnahme von Gesundheitsgütern und Leistungen durch die Betroffenen begründet ist („Moral-hazard-approach"), sondern auch durch elementare Steuerungsdefekte bedingt sind, die sich angesichts der oben genannten sozial-ökonomischen Entwicklungen überproportional kostentreibend auswirken.

*Steuerungsdefekte* Die wichtigsten Defekte liegen in folgenden Strukturen begründet:
(a) Die Nachfrage beziehungsweise die Veranlassung der Inanspruchnahme von Gesundheitsgütern und Leistungen wird nicht durch Markt- oder Einkommensschranken begrenzt. Das ist sozialpolitisch so gewollt. Gesundheitshilfe aller Art soll und muß in ausreichender beziehungsweise gesetzlich vorgesehener Menge unabhängig von der Höhe der Einkommen der Abnehmer zur Verfügung stehen. Die Folge stärkerer Nachfrage beziehungsweise Inanspruchnahme von Gesundheitsgütern und Leistungen ist: die Beitragssätze steigen;
(b) die Kassenärzte bestimmen nicht nur das Leistungsangebot, sie bestimmen auch die Nachfrage nach Gesundheitsgütern und Leistungen, da sie feststellen, welche Leistung in welchem Umfang gewährt werden muß. Die Höhe der von ihnen erbrachten Leistung bestimmt, vermittelt über die Kassenärztliche Vereinigung, indirekt ihr privates Einkommen. Es kann also nicht in ihrem Interesse liegen, die Leistungen zu minimieren. Durch ihr Verhalten determinieren die Ärzte die Höhe der Beitragssätze. Es gibt kein Kontroll- oder Steuerungsmittel für sie;
(c) aufgrund ärztlicher Entscheidungen werden die über die Krankenkasse abzurechnenden Medikamente und Hilfsmittel gewährt, deren Preise wiederum nach Markt- beziehungsweise privatwirtschaftlichen Gesichtspunkten zustandekommen. Da der Pharmaziemarkt überdurchschnittlich hoch monopolisiert ist, treiben diese Ausgaben die Gesamtausgaben der Krankenkassen und damit die Gesundheitskosten hoch, ohne daß die Versicherten als Einzahler hierauf Einfluß nehmen können;
(d) das duale Finanzierungssystem der Krankenhäuser (Investitions- und Baukosten zahlen die Länder, vor 1985 Bund und Länder; die laufenden Kosten die Krankenkassen) sorgt dafür, daß zum Beispiel

die Krankenhäuser, um die Bettenkapazität zu erhalten, auf längere Verweildauer der Patienten abheben, da ja die Pflege- und Unterhaltskosten (Pflegesatz) von den Kassen ersetzt werden müssen. Seit 1985 wird versucht, durch dezentrale Kapazitätsplanung und Erstattung der Kosten im vorhinein („prospektive" Erstattung) auf wirtschaftlicheres Verhalten der Krankenhäuser hinzuwirken. Den Differenzbetrag zwischen prospektiver Erstattung und wirklichen Ausgaben dürfen die Krankenhäuser halten;
(e) die Krankenkassen als die Geldsammelstellen der Versicherten haben auf die wichtigsten Kostenverursacher und -treiber keinen regulierenden Einfluß.
Das seit Anfang 1989 gültige „Gesundheitsreform-Gesetz" soll im wesentlichen Einsparungen in Höhe von ca. 12 Mrd DM erbringen und ist nicht in erster Linie daraufhin konzipiert, das Gesundheitssystem in der Bundesrepublik Deutschland effizienter zu machen. Rund 70% dieser erhofften Einsparungen sollen durch Leistungskürzungen beziehungsweise Zuzahlungspflicht der Versicherten (zum Beispiel bei Zahnersatz) und 30% durch die Einführung von „Festbeträgen" (= Festpreise) für Arznei und Hilfsmittel zustande kommen. Dem oben beschriebenen Struktur- und Steuerungsproblem der GKV wird aber mit diesen Maßnahmen der „Gesundheitsreform" nicht beizukommen sein.

In der *Gesetzlichen Unfallversicherung* sind versichert:    Gesetzliche Unfallversicherung (GUV)
(1) Alle nichtbeamteten Lohnabhängigen (für Beamte gelten eigene – beamtenrechtliche – Vorschriften);
(2) Arbeitslose, Kinder in Kindergärten, Schüler/innen, Studenten/innen;    Versicherte
(3) Landwirte, Artisten und andere Selbständige;
(4) Personen in ihrer ehrenamtlich gemeinnützigen Tätigkeit.
1986 waren 50,3 Mio Menschen gesetzlich unfallversichert, davon 12,8 Mio Kinder, Schüler/innen, Studenten/innen.

Die wichtigsten Leistungen der GUV sind:    Leistungen
(1) Unfallverhütung: Technische Aufsicht der Unfallversicherung in den Betrieben (1975: rd. 1100 Technische Aufsichtsbeamte der Berufsgenossenschaften; vorgeschrieben ist, daß in Betrieben mit mehr als 20 Beschäftigten ein Sicherheitsbeauftragter vom Unternehmer

## Sozialversicherungen

[unter Mitwirkung des Betriebsrats] bestellt werden muß und daß [seit 1972] Betriebsärzte und Sicherheitsingenieure eingestellt werden sollen);
(2) kostenlose und unbegrenzte Heilbehandlung bei Unfällen;
(3) Pflegegeld bei Pflegebedürftigkeit, je nach Grad zwischen 436, – und 1747, – DM/monatlich (wird dynamisiert wie Altersrente; vgl. S. 67);
(4) Verletztengeld in der Regel in Höhe des Krankengeldes für arbeitsunfähige Versicherte, die keinen Anspruch auf Arbeitslosen- oder Mutterschaftsleistungen haben;
(5) Berufshilfe: Wirtschaftliche Unterstützung während Ausbildungszeiten nach einem Unfall (Umschulungskosten, Lohnbeihilfen an Unternehmer; währenddessen Übergangsgeld von der 7. bis zur 13. Krankheitswoche an in Höhe von 80% des vorherigen Lohns bei Verheirateten mit einem zu versorgenden Ehepartner oder mindestens einem Kind [ansonsten 70%]; bei länger als 3 Jahre zurückliegender Erwerbstätigkeit auch nur 70%);
(6) Renten für Versicherte, wenn die Erwerbsfähigkeit länger als 13 Wochen und um mindestens 20% gemindert ist (bei 100% Erwerbsunfähigkeit: „Vollrente" [2/3 des Einkommens], bei nur eingeschränkter Erwerbsfähigkeit entsprechend weniger („Knochentaxe"); von 50% der Vollrente an Zuschlag von 10% pro Kind. Anpassung der Renten nach Lohn- und Gehaltsentwicklung [Dynamisierung]);
(7) eine Abfindung – nach Art des Einzelfalles unterschiedlich und speziell – in Höhe von maximal 4,5 Jahresrenten für 5 Jahre von 30% der Vollrente an, wenn sie zur Sicherung oder Aufbau einer eigenen Existenz gebraucht wird (bei unter 30% der Vollrente ist eine Abfindung auf Dauer möglich [maximal 9 Jahresrenten]. Mindestalter für diese Abfindung: 55 Jahre [Regel], Abfindung bei Wiederheirat: 2 Jahresrenten);
(8) Renten für Hinterbliebene: Witwenrenten in Höhe von 3/10 des Arbeitsverdienstes des Verstorbenen (2/5 vom 45. Lebensjahr an, bei mindestens einem unversorgten Kind oder Berufsunfähigkeit); Überbrückungshilfe in Höhe der Vollrente in den ersten 3 Monaten nach dem Tod des Versicherten. Halbwaisen erhalten 1/5, Vollwaisen 3/10 der entsprechenden Renten;

(9) Sterbegeld: 1 Monatslohn des/der Versicherten, mindestens 400,— DM.

Träger sind 35 gewerbliche und 57 weitere Berufsgenossenschaften. Die Unternehmer beziehungsweise die öffentlichen Arbeitgeber zahlen die Beiträge, deren Höhe sich nach den Entgelten der Versicherten und den vom Gesetzgeber festgelegten Gefahrenklassen ergibt; im Durchschnitt liegt der Beitragssatz bei ca. 1,5% der Entgelte. Die GUV gilt als eine der erfolgreichsten Sozialleistungen. Die Zahl der schweren Unfälle ist seit den 60er Jahren nahezu kontinuierlich zurückgegangen, was allgemein auf die Unfallverhütung zurückgeführt werden darf. Die Kostenentwicklung der GUV hält sich in Grenzen (vgl. Dokumentation 7, S. 56). Anders als die Krankenkassen haben die Berufsgenossenschaften Steuerungsmöglichkeiten im Hinblick auf die Entstehung der Risiken und die Verausgabung von Geld. Organisation und Finanzierung

Probleme gibt es bei der Wahrnehmung und Meldung von Unfällen und Berufskrankheiten. So ist bekannt, daß in Zeiten wirtschaftlicher Rezession weniger Unfälle gemeldet werden als in Hochkonjunkturphasen. Ein weiteres Problem besteht in der relativ starren Anerkennung von Berufskrankheiten durch den Gesetzgeber (zur Zeit 59), die die Gefahr in sich birgt, daß neu auftretende Schäden zunächst nicht behandelt werden und hohe Folgekosten entstehen. Probleme

Die *Gesetzliche Rentenversicherung* ist die teuerste Sozialleistung in der Bundesrepublik Deutschland. Mit etwa 40% am Sozialbudget (vgl. Dokumentation 6, S. 49f.) liegt sie weit vorn. Gesetzliche Rentenversicherung (GRV)

Ihr Anteil wird entsprechend der Entwicklung der Altenquote an der Bevölkerung weiter wachsen. Gehörte die heutige Arbeiterrentenversicherung zum Bismarckschen Sozialpolitik-Bestand, so wurde für die „Angestellten" 1911 eine eigene Altersversicherung geschaffen, die bis heute organisatorisch selbständig ist. Die Leistungen der GRV haben sich in beiden Zweigen, vor allem durch die Rentenreformen von 1957 und 1972, zum Teil erheblich geändert. Setzte sich die Rente vor 1957 aus einer festen, staatlich beziehungsweise steuerlich finanzierten „Sockelrente" (in Höhe von zuletzt 18,— DM für Arbeiter und 42,— DM für Angestellte monatlich) und einem nach der Anzahl der Versichertenjahre bemessenen Steigerungsbetrag zusammen, hat man die Rente seitdem individualisiert. Ebenso ist 1957 die laufende Anpassung der ausgezahlten („Bestands-")Renten an die Löhne der versicherten Arbeiter und Angestellten („Dynamisierung") geschaffen worden, damit die Rentenempfänger bei steigenden Preisen (Löhnen) nicht (noch mehr) verarmen.

## Sozialversicherungen

1972 wurde neben der im 4. Kapitel erwähnten Erweiterung des versicherungsberechtigten Personenkreises der Zugang zur Rente für Versicherte, die noch nicht 65 Jahre alt sind, erleichtert („Flexible Altersgrenze").
Auch die gesetzliche Rentenversicherung ist organisatorisch zersplittert. Aber anders als die GKV ist sie auch rechtlich nicht einheitlich geregelt. Immer dann, wenn neue Berufsgruppen eine gesetzliche Rentenversicherung erhalten sollten, wurden spezielle Gesetze geschaffen. So wurde 1911 für die Angestellten ein eigenes Rentenversicherungssystem mit eigener Organisation und günstigeren Leistungen erstellt. Ebenso wurden für die Bergleute (Reichsknappschaftsgesetz 1923), Handwerker (1938), Landwirte (1957) und Künstler (1981) jeweils eigene Altersversicherungen geschaffen. Die Alterssicherung der Beamten stellt als „Versorgung" einen anderen Leistungstyp dar. Diese Zersplitterung führt dazu, daß es in der Bundesrepublik Deutschland berufsgruppenspezifisch verschiedene Renten und unterschiedliche Rentenniveaus gibt, die die soziale Ungleichheit der Erwerbspersonen nicht nur widerspiegelt, sondern in der Tendenz sogar verstärkt (Abbildung 4).

*Abbildung 4:* Vier Klassen der Alterssicherung – Stand 1988; Modellrechnung –

Versicherte    Die meisten der rund 18 Mio Rentner/innen in der Bundesrepublik Deutschland empfangen Leistungen aus der Arbeiter- und Angestelltenversicherung (rd. 13,6 Mio); auf die Arbeiter- und Angestelltenversicherung soll daher im folgenden das Hauptaugenmerk gelenkt werden.

Versicherungspflichtig sind alle nichtbeamteten Lohnabhängigen (seit 1968 alle Angestellten ohne Einkommensbegrenzung), selbständige Heimarbeiter, Küstenschiffer und andere Selbständige, kindererziehende Elternteile für 1 Jahr (von 1986 an), Behinderte, die in anerkannten Einrichtungen arbeiten. Selbständige können innerhalb von 2 Jahren nach Aufnahme ihrer Tätigkeit auf Antrag versicherungspflichtig werden. Freiwillig können alle sonstigen Personen und im Ausland lebende Deutsche versichert sein. Auf diese Weise sind knapp 32 Mio Arbeiter, Angestellte und sonstige Personen gesetzlich rentenversichert.

Die wichtigste Leistung stellen zweifellos die Renten dar. Man unterscheidet zwischen Versicherten- und Hinterbliebenenrenten; die Hinterbliebenenrenten leiten sich aus den Versicherungsrenten ab. Somit werden alle GRV-Renten direkt oder indirekt nach der sogenannten Rentenformel ermittelt, die sich aus folgenden vier Faktoren zusammensetzt (vgl. Dokumentation 8, S. 81). *Leistungen*

(1) Die persönliche Bemessungsgrundlage (P) als Prozentzahl, die das Verhältnis des eigenen Entgelts zum durchschnittlichen Entgelt aller Versicherten in den versicherten Jahren ausdrückt; *Renten (formel)*

(2) die allgemeine Bemessungsgrundlage (B), die dem Durchschnitt der Bruttoeinkommen aller Versicherten entsprechen soll und jährlich entsprechend der Einkommensentwicklung aller Lohnabhängigen (jeweils zum 1. 7.) angepaßt wird (B 1989/90: 30 709, – DM). Durch vorübergehende Abkoppelung der Allgemeinen Bemessungsgrundlage von der Lohnentwicklung und andere rechnerische Eingriffe zwischen 1981 und 1984 hat sich so eine größer werdende Kluft zwischen B und den Einkommen ergeben. So lag 1987 das durchschnittliche Bruttolohneinkommen der Versicherten bei 37 726, – , wohingegen B nur 27 885, – DM betrug;

(3) die Anzahl der anrechnungsfähigen Versicherungsjahre (J): Neben Beitragszeiten und Kindererziehungszeiten (pro Kind 12 Monate) werden hier Ersatz- (Militärzeit), Ausfall- (Krankheit, Arbeitslosigkeit, Schwangerschaft, Ausbildung) und Zurechnungszeiten (wenn Versicherte unter 55 Jahren eine Rente bekommen sollen, wird die

Differenz zwischen 55 und den tatsächlichen Versicherungsjahren zugerechnet, um die Rente zu steigern) angerechnet;
(4) der Steigerungssatz für verschiedene Rentenarten (St). Bei Berufsunfähigkeitsrenten beträgt er 1 %, bei Erwerbsunfähigkeitsrenten und dem Altersruhegeld 1,5 %.
Die Rentenformel lautet damit: $P \times B \times J \times St$.
Die oben genannten Rentenarten kann man wie folgt unterteilen:
(1) Berufsunfähigkeits- und Erwerbsunfähigkeitsrenten (für Versicherte): Wer berufs-/erwerbsunfähig ist, beziehungsweise was Berufs- oder Erwerbsunfähigkeit ist, stellen die Träger der Rentenversicherung fest. Voraussetzung für den Erhalt ist eine mindestens 5jährige Beitragszeit und währenddessen eine versicherungspflichtige Tätigkeit von mindestens 3 Jahren;
(2) Altersruhegeld:
(a) mit 65 Jahren gilt die Wartezeit als erfüllt bei mindestens 5 Jahren Beitragszeit;
(b) mit 63 oder 60 Jahren, wenn anerkannte Schwerbehinderung oder Erwerbsunfähigkeit vorliegt und mindestens 35 anrechnungsfähige Versicherungsjahre (darunter 15 Jahre Versicherungszeit) als Wartezeit nachgewiesen werden können;
(c) mit 60 Jahren bei länger als 1 Jahr andauernder Arbeitslosigkeit innerhalb eines Zeitraums von 1 1/2 Jahren, sofern der/die Versicherte in den letzten 10 Jahren mindestens 8 Jahre eine rentenversicherungspflichtige Tätigkeit ausgeübt hatte. Frauen können mit 60 Jahren Rente auch dann bekommen, wenn sie in den letzten 20 Jahren überwiegend rentenversicherungspflichtig beschäftigt waren. Die Wartezeit für diese Rentenfälle gilt als erfüllt, wenn eine Versicherungszeit von 15 Jahren vorliegt.
Alle Regelungen zum vorzeitigen Erhalt des Altersruhegeldes fallen unter die Begriffe „flexible Altersgrenze" beziehungsweise vorgezogenes Altersruhegeld. Beziehler/innen von Altersruhegeld vom 63. Lebensjahr an können neben der Rente bis zu 1 000,– DM anrechnungsfrei hinzuverdienen (ab 65. Lebensjahr unbegrenzt); wird Rente vom 60. bis 62. Lebensjahr bezogen, sind 470,– DM (1/7 der durchschnittlichen Monatsentgelte aller Versicherter) anrechnungsfrei (die hier angegebenen Wartezeiten beziehen sich auf die Arbeiter-

und Angestellten-RV; bei Handwerkern, Landwirten und sonstigen Berufen gelten andere Wartezeiten);
Neben dem vorgezogenen Altersruhegeld gibt es als Einstieg in einen vorzeitigen Rentenbezug (Folgeregelung der wenig genutzten Bestimmungen des Vorruhestandsgesetzes 1984 – 1988) seit 1989 für Beschäftigte vom 58. Lebensjahr an die Möglichkeit, mit einer um die Hälfte reduzierten wöchentlichen Arbeitszeit bei 70% des vorher bezogenen Entgelts weiterzuarbeiten. Die Rentenversicherungsbeiträge werden auf dem Niveau von 90% entrichtet. Die so aufgestockten Lohn- und Beitragsanteile werden dem Unternehmen dann vom Arbeitsamt erstattet, wenn es auf die freigemachte halbe Stelle eine(n) gemeldete(n) Arbeitslose(n) setzt. Einen Rechtsanspruch auf diese Leistungen haben Beschäftigte im Gegensatz zum Bezug des vorgezogenen Altersruhegeld freilich nicht.
(3) Hinterbliebenenrenten: Sie haben eine Höhe von 60% der Rente des verstorbenen Ehepartners für Witwen oder Witwer. Wenn der/die Versicherte bei seinem Tode berufsunfähig gewesen ist, erhält der/die Hinterbliebene 60% der entsprechenden Berufsunfähigkeitsrente („Kleine Hinterbliebenenrente"); bei Witwe(r)n über 45 Jahren, bei Erwerbsunfähigkeit, bei Berufsunfähigkeit der/des Hinterbliebenen oder bei mindestens einem unversorgten Kind werden 60% der entsprechenden Erwerbsunfähigkeitsrente („Große Hinterbliebenenrente") gezahlt. Hat der überlebende Ehepartner ein eigenes Einkommen, so wird das einen Freibetrag von (1989/90) 1 013,– DM, plus für jedes Kind 214,– DM, überschreitende Einkommen zu 40% auf die Hinterbliebenenrente aufgerechnet. Der Freibetrag von 1 013,– DM entspricht 3,3% von B und wird entsprechend dynamisiert.
Die Anrechnung von Einkommen auf die Hinterbliebenenrenten ist als Quasi-Bedürftigkeitsprüfung ein systemfremdes Element und verstößt gegen das Äquivalenzprinzip.
(4) Renten für Waisen und Halbwaisen: Sie werden in Höhe von 1/5 beziehungsweise 1/10 der entsprechenden Erwerbsunfähigkeitsrenten gezahlt;
(5) Abfindung von 2 Jahreshinterbliebenenrenten bei Wiederverheiratung des/der Witwe(rs).

Die laufend gezahlten („Bestands-")Renten werden jährlich in etwa an die Lohnentwicklung brutto angepaßt („Dynamisierung").
Um einen gewissen Ausgleich für diejenigen zu erreichen, die aufgrund niedrigen Einkommens oder/und unregelmäßiger Beitragszahlung eine geringe Rente zu erwarten hatten, wurde 1972 die sogenannte „Rente nach Mindesteinkommen" geschaffen. Diese Regelung besagt, daß bei Versicherten mit einem Durchschnittsentgelt unter 75 % des Durchschnitts der Entgelte aller Versicherten die persönliche Bemessungsgrundlage auf 75 % angehoben wird, wenn der/die Versicherte mindestens 25 Jahre versichert war.

Rehabilitationsleistungen
Neben den Renten zahlt die GRV auch Kosten für oder bei Maßnahmen zur Erhaltung, Besserung oder Wiederherstellung der Erwerbsfähigkeit, also zur beruflichen Rehabilitation (Voraussetzung: Erfüllte Wartezeit von mindestens 5 Jahren im Falle von Berufs- oder Erwerbsunfähigkeit; sonst 15 Jahre):
(1) Übergangsgeld in Höhe von 70 bis 90 % des vorherigen Arbeitsentgelts, je nach Art der Maßnahme und nach Familienstand;
(2) Hilfen zur Erhaltung oder Erlangung eines Arbeitsplatzes, Berufsfindung, Berufserprobung, beruflichen Anpassung, Fortbildung, Ausbildung, Umschulung.

Organisation und Finanzierung
Träger der GRV sind die 18 Landesversicherungsanstalten für die Arbeiterrentenversicherung (LVA), die die Handwerkerrentenversicherung mitverwalten, die Bundesversicherungsanstalt für Angestellte (BfA), die Bundesbahnversicherungsanstalt und die Seekasse. Die Bundesknappschaft ist Trägerin der Knappschaftskasse; die 19 landwirtschaftlichen Alterskassen tragen die Rentenversicherung der Landwirte. Die Gremien bei den LVA und der BfA sind paritätisch besetzt, da die Beiträge von den Versicherten und den Unternehmern je zur Hälfte aufgebracht werden.
Die Beitragssätze liegen zur Zeit bei 18,7 % der Löhne (Arbeiter- und Angestelltenversicherung) beziehungsweise bei 24,95 % in der Knappschaftlichen RV (Unternehmeranteil: 15,35 %). Bei der Handwerkerversicherung werden als Durchschnittsbeitrag (1986) 549,– DM bezahlt, bei den Landwirten 152,– DM (!).
Die öffentliche Hand (hauptsächlich der Bund) leistet – wie schon zu Bismarcks Zeiten – einen Zuschuß von (1986) 38,0 Mrd DM (da-

von 27,2 Mrd DM an die Arbeiter- und Angestelltenversicherung); der Zuschuß hat aber (außer bei der Knappschaftlichen RV) eine abnehmende Tendenz.

Ebenso wie die GKV steckt die GRV seit längerem in einer Krise. Anders als dort hat die GRV nicht so sehr die kaum kontrollierbaren Einkommen oder Gewinne der ständisch oder privatwirtschaftlich arbeitenden „Profiteure" zu bezahlen – obwohl dies sicher bei den Rehabilitations- und Gesundheitsleistungen der GRV auch zu Buche schlägt –, sondern hauptsächlich die Folgen gesellschaftlicher Strukturen und Entwicklungen zu tragen:

*Probleme*

Die GRV arbeitet bei ihrer Auszahlungspolitik heute faktisch nach einem Umlageverfahren. Laut gesetzlicher Vorschriften müssen die Träger maximal drei Monatsausgaben an Liquiditätsreserven ansammeln, aus denen dann die laufenden Ausgaben für Renten und andere Leistungen bezahlt werden. Durch die Leistungsverbesserungen (schnellerer Rentenzugang nach 1972) haben die Träger ihre Rücklagen langfristiger Art weitestgehend aufgebraucht, so daß sie heute tatsächlich von der Hand in den Mund leben, oft nicht einmal über die Dreimonats-Reserve verfügen. Gehen die Beitragszahlungen, bedingt durch hohe Arbeitslosigkeit oder/und niedrige Lohnabschlüsse oder/und viele „Frühverrentungen" zurück, gerät die Rentenversicherung in eine Liquiditätsklemme. Die Abhängigkeit von wirtschaftlichen Zyklen und Strukturproblemen macht auf die Dauer politisch anfällig. Abhilfemöglichkeiten wie Leistungskürzungen, Beitragserhöhungen beziehungsweise Aufstockung des Bundeszuschusses scheinen politisch nicht realisierbar zu sein, nicht zuletzt aus wahlpolitischen Gründen (über 12 Mio Rentenbezieher).

Hinzu kommt, daß sich die demographische Entwicklung immer problematischer auf die Rentenversicherung auswirkt. Die Zunahme der Zahl der alten Menschen bei gleichzeitiger Abnahme der Erwerbspersonen scheint zur Zeit das größte Problem der GRV darzustellen. Schon seit den späten 50er Jahren warnen Fachleute vor dem „Rentnerberg". In der Tat scheint das Rentensystem auf heutigem Niveau in Zukunft nicht mehr (auf die gleiche Weise wie heute) finanzierbar zu sein. Wenn man bis zum Jahr 2030 mit einer Verdoppelung des Altenquotienten rechnen muß, müßten – gleiche Finanzierung wie heute unterstellt – die Beitragssätze auf rd. 35% steigen (vgl. Abbildung 5, S. 73).

Die Abhilfevorschläge, über die zur Zeit diskutiert wird, und über deren Realisierungschancen wenig gesagt werden kann, bewegen sich auf den folgenden Ebenen:
(a) Einbeziehung der Beamten in die Finanzierung der GRV, um die Masse der Beitragszahler auszuweiten (Sachverständige Wissenschaftler);
(b) Wiedereinführung einer steuerfinanzierten Sockel- oder Grundrente, um die Rentenkassen zu entlasten (GRÜNE);
(c) Einführung einer Produktivitätsabgabe („Maschinensteuer"); um die Rentenfinanzierung von der abnehmenden Zahl der Aktivbürger (= Versicherten) abzukoppeln (Teile der SPD).

Betrifft dies die mehr oder weniger nahe Zukunftsentwicklung, so scheint das heute größte Problem die aus der Individualisierung der Rentenformel sowie der ständischen Gliederung der Organisation resultierenden Ungleichheiten beziehungsweise Unterversorgungen zu sein. Grob gesagt werden diejenigen, die auch im Erwerbsleben benachteiligt sind, die schlecht bezahlten (qualifizierten) Arbeiter, die von Arbeitslosigkeit Bedrohten, vor allem die Frauen (Qualifikation, kurze Lebensarbeitszeit), entsprechend schlechter gestellt. Berufsstände wie Landwirte oder Bergleute hingegen werden durch verstärkte Bundeszuschüsse in ihrer RV dagegen ausdrücklich bessergestellt als selbst noch die Angestellten.

Die Angestellten erhalten im Durchschnitt eine um rund 1/3 höhere Rente als die Arbeiter, und die durchschnittlichen Renten der Frauen betrugen (1987) nach der Statistik des Bundesarbeitsministeriums für ehemalige Angestellte 48% der Männerrenten, bei den ehemaligen Arbeiterinnen sogar nur rund 38%. So näherte sich die durchschnittliche Rente einer Arbeiterin mit monatlich 497,91 DM dem entsprechenden Sozialhilferegelsatz von 405,– DM (ohne Miete) an (vgl. Claessens u. a. 1987: 340).

Die Abhilfevorschläge bewegen sich auf den genannten Ebenen. Ähnlich wie bei der GKV hat der Gesetzgeber (1989) ein als Reformwerk deklariertes Finanzierungs- und Kostendämpfungsgesetz für die gesetzliche Rentenversicherung („Rentenreformgesetz 1992") verabschiedet, dessen wesentliche Teile 1992 in Kraft treten sollen:
(1) Erhöhung des Bundeszuschusses auf ein Niveau von ca. 20% der Rentenausgaben, nachdem er in den siebziger und Anfang der achtzi-

Sozialversicherungen

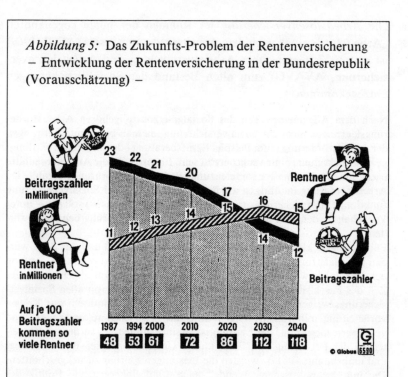

*Abbildung 5:* Das Zukunfts-Problem der Rentenversicherung
− Entwicklung der Rentenversicherung in der Bundesrepublik
(Vorausschätzung) −

ger Jahre weit darunter abgesunken war. Nach 1992 soll der Bundeszuschuß analog der Entwicklung der Beitragssätze dynamisiert werden, der bis 2010 voraussichtlich auf 21,4 % steigen soll;
(2) Anpassung (Dynamisierung) der laufenden („Bestands-")Renten an die Entwicklung der Netto- und nicht wie bisher der Bruttolöhne;
(3) Erhöhung der Altersgrenzen zum Erhalt der Altersrenten für Männer bis 2001 und für Frauen bis 2012 von 60 beziehungsweise 63 auf 65 Jahre; Abzüge gibt es für früheren (3,6 %) und Zuschläge für späteren (6 %) Rentenbezug;
(4) Veränderung der Anrechnung von Ausfall- und Ersatzzeiten bei der Rentenberechnung im Falle von mindestens 50 % Beitragszahlung bei der Gesamtwartezeit („Halbdeckung") zugunsten eines „Gesamtmodells", das die Halbdeckung nicht mehr vorschreibt.

Sozialversicherungen

**Arbeitslosen-versicherung/ Arbeitsförderung**  Die *Arbeitslosenversicherung* im Rahmen der heute sogenannten „Arbeitsförderung" nach dem Arbeitsförderungsgesetz (AFG) (1969) ist erst 1927 (Gesetz über Arbeitsvermittlung und Arbeitslosenversicherung, AVAVG) zum alten Bestand der Sozialversicherungen hinzugekommen.

Nach dem Allgemeinen Teil des Sozialgesetzbuchs gehören Arbeitsförderungsleistungen nicht zur Sozialversicherung, da man bestimmte Leistungen der Arbeitsförderung (zum Beispiel Berufsberatung oder Arbeitsvermittlung) gewährt bekommt, ohne versichert zu sein. Ebenso wird die Arbeitslosenhilfe (siehe unten) wie eine Fürsorgeleistung (Bedürftigkeitsprüfung) gezahlt. Da Arbeitsförderung im übrigen wie die anderen Zweige der Sozialversicherung funktioniert (Versicherungsprinzip, Äquivalenzprinzip usw.) soll sie – unter Vorbehalt – dennoch unter dem Kapitel Sozialversicherung behandelt werden.

Für die Entwicklung ist folgendes typisch: Das AVAVG und das AFG wurden je nach Erfordernissen mehrmals zum Teil gravierend verändert. Anfang der 30er Jahre wurden die Arbeitslosenleistungen radikal abgebaut, in der Zeit des Faschismus wurde das AVAVG am stärksten von allen Sozialversicherungszweigen durch Zweckentfremdung von Geldmitteln zur Kriegsvorbereitung mißbraucht. 1969 wurde das inzwischen rekonstruierte und verbesserte Gesetz auf der Leistungsseite stark ausgebaut, verbessert (Erweiterung der Förderung von Fortbildung, Umschulung oder Weiterbildung) und umbenannt; 1981 ff. wurden die Leistungen spürbar zurückgeschnitten. Die mit der politischen „Wende" nach 1982 einhergehende Politik des „Sozialabbaus" konzentriert(e) sich geradezu auf das AFG.

Der heutige Stand des AFG sieht wie folgt aus:

**Versicherte** Pflichtversichert sind alle nichtbeamteten Lohnabhängigen ohne Einkommensbeschränkung.

**Leistungen** Auf der Leistungsseite kann man sinnvoll diejenigen Leistungen, die bei Arbeitslosigkeit gewährt werden, von denen unterscheiden, die dazu beitragen sollen, Arbeitslosigkeit zu verhindern:

(1) Arbeitslosengeld; es ist die wichtigste Leistung bei schon vorhandener Arbeitslosigkeit. Voraussetzung für den Bezug ist, daß der/die Versicherte

(a) arbeitslos gemeldet ist,

(b) für mindestens 20 Stunden in der Woche als arbeitsfähig zur Verfügung steht und bereit ist, sich zumutbaren Maßnahmen zur beruflichen Bildung (siehe unten) zu unterziehen,

(c) die Anwartzeit erfüllt hat: Mindestanwartzeit 180 Kalendertage beitragspflichtige Beschäftigung (in den letzten drei Jahren). Die Bezugsdauer des Arbeitslosengeldes richtet sich nach der Länge der vorherigen beitragspflichtigen Tätigkeit des/der Arbeitslosen. Bei einer Mindestanwartzeit von 180 Kalendertagen bekommt man 78 Wochentage lang Arbeitslosengeld, bei 240 Tagen Anwartzeit 104, bis 360 Tage 165 Tage (vgl. Abbildung 6).

*Abbildung 6:* Bezugsdauer des Arbeitslosengeldes

| nach einer die Beitragspflicht begründenden Beschäftigung von insgesamt mindestens ... Kalendertagen | und nach Vollendung des ... Lebensjahres | ... Tage |
|---:|:---:|---:|
| 480 | | 208 |
| 600 | | 260 |
| 720 | | 312 |
| 840 | 42. | 364 |
| 960 | 42. | 416 |
| 1 080 | 42. | 468 |
| 1 200 | 44. | 520 |
| 1 320 | 44. | 572 |
| 1 440 | 49. | 624 |
| 1 560 | 49. | 676 |
| 1 680 | 54. | 728 |
| 1 800 | 54. | 780 |
| 1 920 | 54. | 832 |

Quelle: (Auszug aus) § 106 Arbeitsförderungsgesetz

Die Höhe des Arbeitslosengeldes richtet sich nach dem vorher bezogenen Lohn und beträgt 63 % des Nettolohns, bei mindestens 1 unversorgten Kind 68 %. Arbeitslosengeld-Empfänger sind kranken-, unfall- und rentenversichert. Als Strafbestimmungen gelten: Wer selbst kündigt oder durch vertragswidriges Kündigen arbeitslos wird, wer sich weigert, ohne „wichtigen" Grund, an Umschulungs-, Aus-

oder Fortbildungsmaßnahmen teilzunehmen, oder sich weigert, sich beim Arbeitsamt zu melden oder „zumutbare" Beschäftigung anzunehmen, dem/der kann das Arbeitslosengeld je nach Einzelfall zwischen 2 und 12 Wochen, im Wiederholungsfall völlig, gestrichen werden („Sperrzeiten");

(2) die Arbeitslosenhilfe; nach Ablauf der Bezugsdauer für das Arbeitslosengeld und auch dann, wenn die Voraussetzungen für seinen Erhalt nicht gegeben sind, können die Arbeitslosen Arbeitslosenhilfe erhalten. Diese Leistung wird zwar auch nach dem AFG gezahlt. Sie wird/soll aber nicht über Versicherungsbeiträge, sondern über öffentliche Mittel finanziert (werden), gehört also – systematisch gesehen – zu den Versorgungsleistungen (vgl. 5. Kapitel).

Die Arbeitslosenhilfe wird im Prinzip unbegrenzt, jeweils für ein Jahr, gezahlt. Sie beträgt 56 % des vorher bezogenen Nettolohns, bei mindestens einem unversorgten Kind 58 %. Hinzu kommen Beiträge zur Kranken- und Rentenversicherung.

Anspruch auf Arbeitslosenhilfe hat, wer arbeitslos gemeldet ist, der Arbeitsvermittlung zur Verfügung steht, keinen Anspruch (mehr) auf Arbeitslosengeld hat oder mindestens 150 Kalendertage (Regelfall, Ausnahmen möglich) beitragspflichtig beschäftigt war und bedürftig ist: Volle Anrechnung des eigenen Einkommens; Einkommen der Eltern (bei minderjährigen Antragstellern) und des Ehepartners wird angerechnet, insoweit es 150,– DM/Woche plus 70,– DM/Woche für jeden sonstigen Angehörigen übersteigt. Vermögen bleibt bei/m Antragsteller/in bis zu 8 000,– DM und bei Unterhaltsverpflichteten bis zu 12 000,– DM frei;

(3) Kurzarbeitergeld; dieses muß vom Unternehmen beim zuständigen Arbeitsamt beantragt werden. Es beträgt 63 % des vorherigen Nettoentgelts (bei unterhaltspflichtigen Angehörigen: 68 %) und wird in der Regel (Ausnahmen möglich) auf maximal 6 Monate für den ausfallenden Teil der Arbeit gezahlt, wenn die Kurzarbeit mindestens 10 % der Arbeitszeit und mindestens 33 % der Belegschaft betrifft und mindestens 4 Wochen lang andauert;

(4) Winter- und Schlechtwettergeld; es wird zur Förderung der (ganzjährigen Beschäftigung der) Bauwirtschaft gezahlt:

(a) Zuschüsse und Darlehen an Unternehmer zur Anschaffung von

Geräten und Einrichtungen, die eine Weiterbeschäftigung bei schlechtem Wetter ermöglichen;
(b) Wintergeld vom 1. Dezember bis 31. März (ohne Weihnachtspause) in Höhe von 2,– DM pro geleistete Arbeitsstunden;
(c) Schlechtwettergeld in Höhe des Kurzarbeitergeldes (1. November bis 31. März; ohne Weihnachtspause) für ausfallende Arbeitsstunden;
(5) Konkursausfallgeld; bei Zahlungsunfähigkeit von Unternehmen, die Konkurs angemeldet haben, wird ein Konkursausfallgeld für nicht gezahlte Löhne (inklusive Versicherungsbeiträge) gezahlt; es werden bis zu 3 Monatslöhne (netto) vor Eröffnung des Konkursverfahrens übernommen. Die Bundesanstalt für Arbeit macht diese Aufwendungen dann gegenüber dem Unternehmer geltend;
(6) Maßnahmen zur Förderung der beruflichen Bildung, zur Ausbildung, Fortbildung, Umschulung; sie wurden mit der 69er Novelle des AFG ausgebaut und gelten als Paradestücke präventiver Sozialpolitik. Im einzelnen werden folgende Leistungen bereitgestellt:
(a) Unterhaltsgeld für Umschüler oder Fortbildungsteilnehmer in Höhe von 65 % des vorherigen Nettolohns (wenn man unterhaltsverpflichtet ist: 73 %); Voraussetzungen: keine abgeschlossene Berufsausbildung und mindestens 3 Jahre beitragspflichtige Tätigkeit; in den 3 letzten Jahren mindestens 2 Jahre versicherungspflichtige Tätigkeit beziehungsweise Erhalt von Arbeitslosenhilfe-Geld von mindestens 156 Tagen; ferner muß man arbeitslos oder von Arbeitslosigkeit bedroht sein (liegen diese Voraussetzungen nicht vor, kann Unterhaltsgeld als Darlehen in Höhe von 58 % des entsprechenden Einkommens gewährt werden);
(b) teilweise oder völlige Übernahme von Lehrgangs-, Lernmittel-, Arbeitskleidung- und Fahrtkosten;
(c) Berufsausbildungsbeihilfen für Auszubildende und Arbeitslose in Höhe des Arbeitslosengeldes, für Arbeitslose beziehungsweise für Auszubildende in Höhe der entsprechenden Leistungen für Schüler nach BAföG (vgl. 7. Kapitel). Wenn Auszubildende bei Eltern wohnen, wird die Beihilfe auf 215,– DM gekürzt; Voraussetzung: Vorliegen von Bedürftigkeit (Bedürftigkeitsprüfung analog Arbeitslosenhilfe, außer bei Vorliegen einer einjährigen Versicherungszeit bei Arbeitslosen);

## Sozialversicherungen

(7) Eingliederungshilfen; im einzelnen werden bereitgestellt:
(a) Einarbeitungszuschüsse für bisher arbeitslose Beschäftigte bis zu 50% des Entgelts an den Unternehmer (Einarbeitszeit mindestens 4 Wochen);
(b) Eingliederungsbeihilfen für schwer vermittelbare Beschäftigte bis maximal 70% des Arbeitsentgelts (Regel: 50%, 6 Monate) auf 1 Jahr als Darlehen oder Zuschuß;
(c) Förderung der Arbeitsaufnahme: Völlige oder teilweise Übernahme von Werbungs-, Umzugs- und Familientrennungskosten;
(8) Problemgruppenförderung; folgende Förderungen werden geleistet:
(a) Unterbringungskosten für Rehabilitation neben Umschulungskosten (siehe oben);
(b) Überbrückungsgeld für Behinderte, die keine volle Erwerbstätigkeit aufnehmen können in Höhe von 70 bis 80% des entgangenen Einkommens;
(c) Ausbildungszuschüsse an Unternehmer, die Behinderte ausbilden;
(d) finanzielle Förderung von Werkstätten für Behinderte;
(e) Arbeitsbeschaffungsmaßnahmen (ABM): Für (schwer vermittelbare) mindestens 6 Monate lang Arbeitslose, auf ein Jahr, maximal 2 Jahre; 50 bis 75% des Arbeitsentgelts zahlt die Bundesanstalt für Arbeit; in Arbeitsamtsbezirken, in denen die Arbeitslosigkeit um mindestens 30% höher als im Bundesdurchschnitt liegt, kann der Zuschuß bis zu 100% betragen („verstärkte Förderung");
(f) Eingliederungsgeld für arbeitslose Aus- und Übersiedler für einen Zeitraum von 12 Monaten (wenn eine vorherige Beschäftigung von mindestens 5 Monaten nachgewiesen werden kann). Für Verheiratete beträgt das Eingliederungsgeld 1011,– DM. Bei länger als 12monatiger Arbeitslosigkeit können Aus- und Übersiedler Arbeitslosenhilfe beantragen;
(g) Teilunterhaltsgeld für Mütter, die Umschulungsmaßnahmen mitmachen (mindestens 12 Stunden in der Woche); Anwartzeit wird pro Kind um 5 Jahre verlängert (vgl. Unterhaltsgeld, S. 77);
(h) Finanzielle Förderung von Betrieben, die über 50 Jahre alte Beschäftigte einstellen (bis 50% der Löhne).

## Sozialversicherungen

Die Finanzierung der Arbeitsförderung erfolgt im wesentlichen durch Beiträge, die je zur Hälfte von den Versicherten und den Unternehmern aufgebracht werden. Die Beitragssätze liegen zur Zeit bei 4,3 %; die Beitragsbemessungsgrenze ist mit der der GRV identisch (vgl. oben, S. 65 ff.). Daneben gibt es Bundeszuschüsse (Arbeitslosenhilfe) und eine Umlage von 4 % des Umsatzes der Bauunternehmer für die Winterbauförderung und das Konkursausfallgeld. Unternehmen mit in der Regel 5 und mehr Beschäftigten müssen dem Arbeitsamt das Arbeitslosengeld erstatten, wenn der/die Arbeitslose älter als 59 Jahre ist und er/sie mindestens 720 Tage beschäftigt waren (viele Ausnahmeregelungen).

Träger der Arbeitsförderung ist die Bundesanstalt für Arbeit (Sitz: Nürnberg) mit 9 Landes- und 146 örtlichen Arbeitsämtern. Die Gremien (Vorstand und Verwaltungsrat bei der Bundesanstalt) sind drittelparitätisch aus Vertretern der Unternehmer, der Beschäftigten und öffentlichen Körperschaften besetzt.

*Finanzierung und Organisation*

Mit der Novelle des AVAVG zum AFG wollte man 1969 im Ansatz die präventive Bekämpfung der Arbeitslosigkeit gewährleisten. Dem lag der Gedanke zugrunde, daß eine rechtzeitige Um- beziehungsweise Weiterqualifikation nicht nur einer möglichen oder drohenden Arbeitslosigkeit bei Lohnabhängigen vorbeugen könnte. Man ging auch davon aus, daß durch die mit Hilfe des neuen AFG ständig neu- beziehungsweise umqualifizierten Arbeitskräfte einen wichtigen Beitrag zum erwünschten und für möglich gehaltenen „Wachstum nach Maß" leisten würden (Manpower-Ansatz in der Bildungsökonomie).

Das AFG hat indessen nicht verhindern können, daß die (gemeldete) Arbeitslosigkeit seit etwa 1982 durchschnittlich immer bei etwa 2 Millionen liegt (Dunkelziffer mindestens 50 %). Da die Ausgaben für Arbeitslosenleistungen mit Zunahme der Arbeitslosigkeit stark anstiegen, hat man nach der „Wende" 1982/83 gerade hier viele Leistungen gekürzt. Im wesentlichen wurden die Zugangsvoraussetzungen erschwert sowie die Bezugsdauer und Höhe der Arbeitslosenleistungen sowie die Leistungen zur Förderung der beruflichen Bildung gekürzt. Dies hat zur Folge, daß seither nur noch rund 38 % der registrierten Arbeitslosen Arbeitslosengeld und 23 % Arbeitslosenhilfe erhielten und eine immer größere Zahl von Arbeitslosen auf den Be-

*Probleme*

zug von Sozialhilfe angewiesen ist („Neue Armut"). Probleme kann man auch darin sehen, daß die Bundesanstalt für Arbeit durch Lohnzuschüsse für besondere Problemgruppen indirekt Unternehmenssubvention betreibt.

Die Förderung der beruflichen Bildung, die vor allem für weniger Qualifizierte, Frauen und ältere Beschäftigte gedacht war, wurde also in einer Weise ausgestaltet und umgesetzt, daß gerade diese Gruppen bei den Geförderten unterrepräsentiert waren.

**Diskussion**

- Welche Folgen wird das Gesundheitsreform-Gesetz voraussichtlich haben?
- Was müßte im Rentensystem getan werden, um die Folgen der zunehmenden Zahl alter Menschen zu bewältigen?
- Warum ist es richtig, wenn behauptet wird, die Sozialleistung „Arbeitsförderung" könne gar nicht präventiv im Hinblick auf Arbeitslosigkeit wirken?

Dokumentation 8

## DIE RENTENFORMEL

**Vier Faktoren bestimmen die Höhe der Rente**

Persönliche Faktoren　　　　　　　　Allgemeine Faktoren

| Prozentsatz der persönlichen Rentenbemessungsgrundlage (P) | Allgemeine Bemessungsgrundlage (B) |
|---|---|
| Verhältnis zwischen dem Bruttoarbeitsentgelt des einzelnen Versicherten zu dem Bruttoarbeitsentgelt aller Versicherten | Durchschnittliches Bruttojahresentgelt aller Arbeiter und Angestellten |

Rentenformel: $(P \times B)^* \times (J \times St)^{**}$ = Jahresrente

\* $(P \times B)$ = Persönliche Bemessungsgrundlage
\*\* $(J \times St)$ = Vomhundertsatz für alle Versicherungsjahre

| Zahl der anrechnungsfähigen Versicherungsjahre (J) | Steigerungssatz je anrechnungsfähigem Versicherungsjahr (St) |
|---|---|

Aus: Übersicht über die soziale Sicherung; hrsg. vom Bundesminister für Arbeit und Sozialordnung 1977, S. 85.

**Berechnungs-Beispiel** (sehr vereinfacht)

P = 100 %; B = 30,709 DM; J = 40 anrechnungsfähige Versicherungsjahre; St = 1,5 (Altersrente).

Rechnung:

$$\frac{100 \cdot 30709}{100} \cdot \frac{40 \cdot 1,5}{100} = \frac{1842540}{100} = 18425,40 \text{ DM Jahresrente.}$$

18 425,40 : 12 Monate = 1 535,45 DM Monatsrente.

Der so ermittelte Rentenbetrag verringert sich um 6,4 % (98,27 DM) für Beiträge zur gesetzlichen Krankenversicherung.

## 7. Kapitel
## Die Versorgungsleistungen –
## für jeden etwas aus der Staatsschatulle

Die Sozialleistungen, die man unter der Kategorie der Versorgung zusammenfaßt, beziehen sich nicht primär auf aus dem Status der Lohnabhängigkeit bezogene soziale Risiken, sondern auf als schutzwürdig definierte Lebenslagen, wie etwa
(a) Kriegsopfer
(b) Eltern
(c) Mieter
(d) Auszubildender zu sein.

Die im offiziellen Sozialbudget unter dieser Kategorie mit aufgeführten Leistungen für Beamte („Beamtenversorgung"), die immerhin 1/10 der gesamten öffentlichen Sozialleistungen ausmachen (vgl. Dokumentation 6, S. 49f.), sollen hier außer Betracht bleiben. Sie fallen definitionsgemäß nicht unter die Sozialleistungen, da sie keine Veränderung von Lebenslagen (vgl. Definition im 2. Kapitel), sondern die materielle Absicherung eines Berufsstandes bezwecken.

Ebenso sollen die als „Versorgung" bezeichneten Systeme „Altershilfe für Landwirte", die „Zusatzversicherungen für den öffentlichen Dienst und spezieller Berufe" sowie der „Lastenausgleich" und die „Entschädigungsleistungen" hier der Kürze wegen und auch deshalb außer Betracht bleiben, weil sie für die soziale Arbeit weniger von Belang sind.

Wie im 5. Kapitel schon erwähnt, handelt es sich bei den Versorgungsleistungen um besonders stark politisch geprägte Massenleistungen in häufig geringer Höhe; insofern ist das Wort „Versorgung" irreführend.

*Kriegs- und Gewaltopferversorgung* — Die *Kriegs- und Gewaltopferversorgung* nach Bundesversorgungsgesetz (BVG) von 1950 baut auf Kriegsfolgengesetze nach dem 1. Weltkrieg und nach dem Krieg 1870/71 auf.

*Anspruchsberechtigte* — Versorgungsleistungen aus diesen Sozialleistungssystemen werden an Deutsche gegeben, die durch militärische Handlungen oder Militärdienst sowie (seit 1976) durch Gewalttaten auf deutschen Schiffen oder Flugzeugen zu Schaden gekommen sind. Es gibt zur Zeit 1,6 Mio Versorgungsberechtigte, vorwiegend BVG-Leistungsempfänger. Nach dem BVG werden im wesentlichen folgende Leistungen verge- Leistungen ben:

(1) Kostenlose Heilbehandlung bei Schädigungen; Schwerbeschädigte (über 50 % Erwerbsminderung) mit einem Einkommen unter von zur Zeit 4 725,– DM/Monat – jeweilige Versicherungspflichtgrenze der GKV – erhalten auch für alle anderen Erkrankungen zusätzlich kostenlose Gesundheitsleistungen; ebenso Ehepartner und Hinterbliebene;

(2) Versorgungskrankengeld für arbeitsunfähige Beschädigte, Witwen und Waisen in Höhe von 80 % des Lohns beziehungsweise sonstiger Einkommen;

(3) Leistungen zur beruflichen Rehabilitation, Krankenhilfe, Hilfe in besonderen Lebenslagen, Wohnungshilfe usw. als Kriegsopferfürsorge analog der Sozialhilfe (Einzelfallklausel); grundsätzlich einkommensabhängig, das heißt, Einkommen wird angerechnet, soweit es den Betrag von etwa 870,– DM übersteigt, plus Familienzuschläge und Mietkosten);

(4) Leistungen zur beruflichen Rehabilitation (Übergangsgeld oder -beihilfe, etwa in Höhe der entsprechenden Beschädigtenrenten beziehungsweise 80 % des vorher bezogenen Einkommens);

(5) Beschädigtenrenten (einkommensunabhängige Grundrente) von 171,– DM (30 % Erwerbsminderung) bis 899,– DM (100 %) plus Zuschlag (34,– DM) vom 65. Lebensjahr an; Schwerbeschädigtenzulagen in 6 Stufen zwischen 104,– DM und 639,– DM; Wäsche- und Kleidergeld zwischen 26,– DM und 167,– DM; Blindenzulage für fremde Führung 204,– DM; Berufsschadensausgleich in Höhe von 42,5 % des durch den Schaden eingetretenen oder anzunehmenden Einkommensverlustes;

(6) Ausgleichsrenten (einkommensabhängig) zwischen 550,– DM (50 bis 60 % Erwerbsminderung) und 899,– (100 %) sowie ein Zuschlag für Ehepartner von maximal 99,– DM und Kinder (wie Kindergeld);

(7) Hinterbliebenenrenten für Ehepartner/Kinder von an Schädigungsfolgen oder rentenberechtigte Verstorbene (Minderung der Er-

Versorgungsleistungen

werbsfähigkeit von 30% an): Grundrenten für Witwen 538, – DM, Halbwaisen 151, – DM und Waisen 284, – DM (Ausgleichsrenten einkommensabhängig 265, – beziehungsweise 370, – DM). Betragen alle Renten einer Witwe weniger als 50% des Einkommens, das der Verstorbene ohne Schädigung erzielt hätte, wird eine weitere Ausgleichszahlung bis in Höhe von 42,5% der Differenz zwischen Witweneinkommen und fiktivem Einkommen des Kriegsopfers geleistet.
Elternrente bei Bedürftigkeit nach dem 60. Lebensjahr: 666, – DM für das Ehepaar, ein Elternteil allein 452, – DM.

*Organisation und Finanzierung* Die steuerfinanzierte Kriegs- und Gewaltopferversorgung wird von den Versorgungsämtern (kommunale beziehungsweise Kreisebene) geleistet, die Leistungen der Kriegsopferfürsorge werden von den Fürsorgestellen bei den Sozialämtern erbracht.

*Kinder- und Erziehungsgeld* Das *Kinder- und Erziehungsgeld* als Maßnahmen des staatlichen Familienlastenausgleichs soll, so eine Broschüre des Bundesarbeitsministers, „den Eltern helfen, den Unterhalt für Kinder zu tragen. Das dient der sozialen Gerechtigkeit und schafft mehr Chancengleichheit für die Kinder (Bundesminister für Arbeit und Sozialordnung 1986: 5).

*Kindergeld* Das Kindergeld geht historisch auf die von 1935 an gezahlten Kinderbeihilfen zurück, die an „Kinderreiche" (1935: 5 und mehr Kinder, 1936: 4 und mehr, 1938: 3 und mehr) in Form von Geld oder/und „Bedarfsdeckungsscheinen" für Anschaffungen gezahlt wurden.

*Leistungen* Heute erhalten alle Eltern mit mehr als einem Kind (seit 1975; 1955: vom 3. Kind an im Alter bis zum 16. beziehungsweise 27. Lebensjahr bei Auszubildenden) Kindergeld, außer wenn die Eltern als Rentner einen Kinderzuschlag erhalten (vgl. Abbildung 7, S. 85).
Das Kindergeld beträgt zur Zeit 50, – DM fürs 1., 130, – DM fürs 2., 220, – DM fürs 3. und fürs 4. und jedes weitere Kind 240, – DM. Bei einem Familieneinkommen von mehr als 26 600, – DM (verheiratet) plus 9 200, – DM pro Kind mindert sich das Kindergeld auf bis zu 70, – DM fürs 2. Kind und 140, – DM fürs 3. und die anderen Kinder. Eltern, die den Kinderfreibetrag nach dem Einkommensteuergesetz (3 024, – DM für Verheiratete, 1 242, – DM für Alleinstehende je Kind) nicht oder nicht ganz ausnutzen können, erhalten einen Zuschlag bis zu 46, – DM pro Kind/Monat.

*Abbildung 7:* Kindergeld – Angaben in 1 000 –

|  | 1980 | 1982 | 1984 | 1986 | 1987 |
|---|---|---|---|---|---|
| Zahl der Empfänger von Kindergeld | 6 967 | 6 705 | 6 433 | 6 304 | 6 191 |
| Zahl der Kinder, für die Kindergeld gezahlt | 12 663 | 11 608 | 10 812 | 10 387 | 10 134 |
| wurde davon Erstkinder | 6 833 | 6 581 | 6 316 | 6 189 | 6 079 |
| davon zweite Kinder | 3 809 | 3 473 | 3 192 | 3 029 | 2 940 |
| dritte und weitere Kinder | 2 021 | 1 554 | 1 304 | 1 169 | 1 114 |

Quelle: Bundesminister für Arbeit und Sozialordnung 1986: 9; Statistisches Jahrbuch für die Bundesrepublik Deutschland 1988. Stuttgart, Mainz 1988: 408.

Das Kindergeld wird von den Arbeitsämtern ausgezahlt; beim öffentlichen Dienst von der Dienststelle. *Organisation*

Das Erziehungsgeld wird an Väter oder Mütter gezahlt, deren Kinder nach dem 31. Dezember 1987 geboren worden sind und wenn einer von ihnen das Kind selbst betreut. *Erziehungsgeld*

Es wird (bei Geburt des Kindes nach dem 1. Juli 1990) 18 Monate (ansonsten 15 Monate) lang gezahlt und beträgt monatlich 600,– DM; vom 7. Monat an gelten Einkommensgrenzen (29 400,– DM brutto/Jahr/Verheiratete; je 1 200,– DM darüber bringen 40,– DM Abzug). Erziehungsgeld wird an erwerbstätige und nichterwerbstätige Personen gezahlt. *Leistungen*

Ausführende Behörde ist in Nordrhein-Westfalen das Versorgungsamt, in den anderen Ländern zumeist das Arbeitsamt. *Organisation*

Die Einführung des Wohngeldes (Beihilfen seit 1960, Wohngeldgesetz 1965) erfolgte, nachdem es durch den Abbau von wohnungszwangswirtschaftlichen Maßnahmen (1960) zu starken Mietsteigerungen gekommen war. Das Wohngeld als sogenannte Subjektförderung (der Mieter/innen) ergänzt beziehungsweise ersetzt die sogenannte Objektförderung des sozialen Wohnungsbaus (seit 1950; Rückgang bis zum faktischen Erliegen Ende der 80er Jahre), die in Form von Kapital- und Zinssubventionen aus öffentlichen Mitteln geschieht. *Wohngeld*

Versorgungsleistungen

Das *Wohngeld* wird durch Berücksichtigung von drei Größen berechnet:

(a) Höhe des Familieneinkommens (Bedürftigkeitsprinzip);
(b) Miethöhe;
(c) Anzahl der Familienmitglieder.

Vom voraussichtlichen Einkommen aller Haushaltsangehörigen im Bewilligungszeitraum werden Freibeträge für Kinder (Höhe des Kindergeldes) und andere Familienangehörige (über 62 Jahre alte Angehörige 200,– DM) sowie Werbungskosten (47,– DM) abgezogen. Der übrigbleibende Betrag wird um einen pauschalen Freibetrag von bis zu 30% gekürzt (wenn Beiträge zur GKV, GRV und Steuern entrichtet werden; anderenfalls, je nach Abgabenbelastung 6 bis 20% Abzug).

Leistungen  Im Effekt bedeutet das, daß ein Ein-Personen-Haushalt mit einem verbleibenden Einkommen über 860,– DM und ein 4-Personen-Haushalt von über 1500,– DM an kein Wohngeld mehr beziehen kann.

Der Bedürftigkeitsprüfung auf der einen entspricht die Praxis der nur teilweisen Berücksichtigung der Miete auf der anderen Seite, um nicht nur die Zahl der Wohngeldempfänger, sondern auch die Höhe der Zahlungen einzugrenzen. Je nach Ausstattungskategorie und Baualter der Wohnung sowie Preisstufe der Miete nach 6 Ortsklassen werden so für eine alleinstehende Person maximal 480,– DM monatliche Kaltmiete und für einen 4-köpfigen Haushalt eine Miete von 880,– DM als maximal zuschußfähig angesehen. Zahlt man eine höhere Miete, so wird dies gewissermaßen als Privatsache des Wohngeldempfängers angesehen.

Als Eigenheimbesitzer kann man Wohngeld für seine Zinsaufwendungen und sonstigen Kosten bekommen („Lastenzuschuß").

1986 gab es rund 1,8 Mio Wohngeldempfänger (davon rund 0,14 Mio Eigenheimbesitzer). Rund 88% der Bezieher von Wohngeld erhielten einen Zahlbetrag bis 250,– DM/Monat bei einer in der Bundesrepublik Deutschland durchschnittlichen (!) (Kalt-)Miete in Höhe von ca. 409,– DM (Statistisches Jahrbuch 1988: 415 f.).

## Versorgungsleistungen

Die für die Wohngeldvergabe zuständigen Stellen werden von den Ländern bestimmt. Gewöhnlich sind dies die Wohngeldstellen der Stadt- und Landkreisverwaltungen. Die Mittel werden je zur Hälfte vom Bund und den Ländern aufgebracht. *— Organisation und Finanzierung*

Nach dem *Bundesausbildungsförderungsgesetz* BAföG (1971) können Schüler/innen der allgemeinbildenden Schulen von Klasse 10 an sowie an Berufsfach-, Fach- und Fachoberschulklassen (die keine abgeschlossene Berufsausbildung voraussetzen) nur dann gefördert werden, wenn sie nicht bei den Eltern wohnen. Gefördert werden kann außerdem der Besuch von Berufsfachschulen und Fachschulen, deren Besuch keine abgeschlossene Berufsausbildung voraussetzt, wenn die Ausbildung mindestens 2 Jahre dauert und einen berufsqualifizierenden Abschluß vermittelt. Abendreal- oder -hauptschüler sowie Fachschüler mit Berufsausbildung, Besucher/innen von Kollegs und Abendgymnasien sowie Studenten/innen an Höheren Fachschulen, Akademien und Hochschulen werden gefördert. Gefördert werden nur Deutsche oder EG-Ausländer. *— Ausbildungsförderung*

Die maximalen Förderungssätze („Bedarf") belaufen sich (1990) auf monatliche Beträge zwischen 310,– DM und 760,– DM (vgl. Abbildung 8, S. 88). *— Leistungen*

Bei einer Berechnung der individuellen Förderungssätze wird die Bedürftigkeit geprüft beziehungsweise das Familieneinkommen zugrunde gelegt (außer bei über 5jähriger Berufstätigkeit der Antragsteller). Praktisch bedeutet die „Familienabhängigkeit" der Ausbildungsförderung, daß das (ungefähre Netto-)Einkommen des Ehepartners oder der Eltern von bestimmten Untergrenzen an („Freibeträge") angerechnet werden. Die Freibeträge liegen zur Zeit bei 1750,– DM für Eltern (Ehepaar), 1210,– DM für einen Elternteil/Ehepartner, 140,– DM für jedes förderungswürdige Geschwister/Kind, 460,– DM für sonstige Geschwister/Kinder unter 15. Lebensjahr, 590,– DM für sonstige Geschwister/Kinder über 15. Lebensjahr. Weiter bleiben 50% der die Freibeträge übersteigenden Einkommen der Eltern/Ehepartner und 5% für jedes Kind/Geschwister (maximal aber nur 70,– DM fürs 1., 160,– DM fürs 2. und 260,– DM fürs 3. und die weiteren) anrechnungsfrei. Ist der/die Auszubildende über 27 Jahre alt bei Beginn des Ausbildungsabschnitts, er-

Versorgungsleistungen

*Abbildung 8:* Maximale Förderungssätze nach BAföG

| wohnend | bei Eltern | extern |
|---|---|---|
| Schüler/innen von Berufsfachschulen, Fachschulen (ohne vorherige Berufsausbildung) | 310, – DM | 555, – DM |
| von Abendreal-, Berufsaufbau-, Abendhauptschulen sowie Fachoberschulklassen (mit vorheriger Berufsausbildung) | 555, – DM | 670, – DM |
| Studierende an Fachschulen (mit vorheriger Berufsausbildung), Abendgymnasien, Kollegs | 585, – DM | 730, – DM |
| an Höheren Fachschulen Akademien, Hochschulen | 605, – DM | 750, – DM |
| Zuschlag für Krankenkasse | 65, – DM | 65, – DM |
| Mietzuschuß bei Miete von mehr als 210, – DM | – | 75, – DM |

höhen sich die Eltern-/Ehepartnerfreibeträge um weitere 50 %. Vermögen wird angerechnet (Freibeträge: Antragsteller 6000, – DM, Ehepartner 2000, – DM, jedes Kind 2000, – DM).

Es wird die Förderungssumme ausgezahlt, die – ausgehend vom jeweiligen „Bedarf" nach Abzug der anrechnungsfähigen Einkünfte – überbleibt.

Die Zahl der geförderten Studenten/innen geht seit 1982 relativ und absolut zurück (vgl. Abbildung 9, S. 89).

Organisation und Finanzierung — Träger der Ausbildungsförderung sind für den Bereich außerhalb der Hochschulen die kommunalen beziehungsweise die Ämter für Ausbildungsförderung auf Kreisebene. Für die Ausbildungsförderung

Versorgungsleistungen

*Abbildung 9:* Förderung nach dem BAföG
– Angaben in 1 000 –

| | 1977 | 1980 | 1981 | 1982 | 1983 | 1984 | 1985 |
|---|---|---|---|---|---|---|---|
| Studenten/innen | 695 | 722 | 760 | 808 | 867 | 899 | 13 056 |
| davon gefördert in % | 45,8 | 47,2 | 45,3 | 41,8 | 37,3 | 33,6 | 30,9 |

Quellen: Bundesminister für Arbeit und Sozialordnung 1986: 16; Bundesminister für Bildung und Wissenschaft: Grund- und Strukturdaten 1986/87. Bonn 1987: 121, 218 ff.

der Studierenden sind die Studentenwerke der Hochschulen zuständig. Sie wird von Bund und Ländern gemeinsam finanziert.

**Diskussion**

- Wie muß man den Charakter des Wohngeldes aus volkswirtschaftlicher Sicht bestimmen?
- Welche Ziele werden mit dem Erziehungsgeld/Erziehungsurlaub verfolgt?
- Inwiefern stellt die zurückgehende Zahl der BAföG-Geförderten ein Problem dar?

## Dokumentation 9

### DER SOZIALSTAAT UND SEINE KLIENTEL: EMPFÄNGER VON SOZIALLEISTUNGEN 1970 UND 1985 – ANGABEN IN 1000 –

| | | | 1970 | 1985 |
|---|---|---|---|---|
| **Versicherung** | Gesetzliche Rentenversicherung (nur Arbeiter und Angestellte) | Mitglieder | 25 809 | 31 406 |
| | | Berufsunfähigkeitsrenten | 431 | 101 |
| | | Erwerbsunfähigkeitsrenten | 1 099 | 2 157 |
| | | Altersrenten 60. Lebensjahr | 632 | 2 361 |
| | | Altersrenten 65. Lebensjahr | 3 691 | 3 545 |
| | | Witwen-/Witwerrenten | 3 160 | 3 846 |
| | | Waisenrenten | 447 | 453 |
| | Gesetzliche Krankenversicherung | Mitglieder (ohne Rentner) | 22 638 | 25 586 |
| | | Arbeitsunfähigkeitsfälle | 19 951 | 23 350 |
| | | Krankenhausfälle | 3 233 | 6 197 |
| | | Mutterschaftshilfefälle | 739 | 506 |
| | | Sterbegeldfälle | 579 | 608 |
| | Gesetzliche Unfallversicherung | Mitglieder (ohne Schüler/Studenten) | 26 050 | 28 175 |
| | | Verletztenrenten | 802 | 791 |
| | | Witwen-/Witwerrenten | 159 | 146 |
| | | Waisenrenten | 58 | 44 |
| | Arbeitsförderung (Arbeitslosenversicherung) | Arbeitslose | 149 | 2 304 |
| | | Empfänger von Arbeitslosengeld | 95 | 836 |
| | | Empfänger von Arbeitslosenhilfe | 17 | 617 |
| | | Empfänger von Unterhaltsgeld | 34 | 135 |
| **Versorgung** | Kindergeld | Empfänger | 2 087 | 6 408 |
| | Kriegsopferversorgung | Versorgungsberechtigte ohne Hinterbliebene | 2 564 | 1 620 |
| | | darunter Schwerbeschädigte | 564 | 361 |
| | Ausbildungsförderung | Geförderte nach BAföG (Studenten/innen) | 65* | 503 |
| | Wohngeld | Empfänger | 908 | 1 512 |
| **Fürsorge** | Sozialhilfe | Empfänger von „laufender Hilfe zum Lebensunterhalt" | 749 | 2 063 |
| | | Empfänger von „Hilfe in besonderen Lebenslagen" | 965 | 1 108 |
| | Jugendhilfe | Fälle von Pflegeaufsicht | 71 | 54 |
| | | Fälle von Amtspflegschaft | 401 | 406 |
| | | Fälle von Jugendamts-Pflegschaft | 89 | 62 |
| | | Fälle von Erziehungsbeistandschaft | 8 | 7 |
| | | Fälle von Freiwilliger Erziehungshilfe | 25 | 12 |
| | | Fälle von Fürsorgeerziehung | 18 | 1 |

\* Geförderte nach dem Honnefer Modell
Quellen: Statistisches Jahrbuch für die Bundesrepublik Deutschland 1973/1974/1979/1983/1987/1988. Stuttgart/Mainz 1973/1974/1979/1983/1987/1988; Bundesminister für Wirtschaft (Hrsg.): Leistung in Zahlen 1980/1986. Bonn 1980/1986.

## 8. Kapitel
## Fürsorgeleistungen – Sozial- und Jugendhilfe als letzte Hilfen im sozialen Netz

Historisch gesehen sind die Fürsorgeleistungen für Arme und andere Hilfebedürftige im Vergleich zu den „klassischen" Arbeitnehmerleistungen nach dem Versicherungsprinzip (vgl. 6. Kapitel) und den modernen Massenleistungen nach dem Versorgungsprinzip (vgl. 7. Kapitel) die ältesten Sozialleistungen. Ihre Vergangenheit reicht weit in das vorstaatliche mittelalterliche Unterstützungswesen zurück. Die staatliche Fürsorgepolitik nahm auf diese Tradition immer Bezug. So sind auch die heutigen Fürsorgeleistungen hiervon geprägt, wie dies am deutlichsten in der Kombination privater und öffentlicher Fürsorgeträger zum Ausdruck kommt. Daher soll eingangs kurz auf den historischen Hintergrund der heutigen Fürsorgeleistungen eingegangen werden.

Diverse Formen von mehr oder weniger effizienter nicht privater Armenunterstützung haben sich in Form des Almosenwesens in Mitteleuropa parallel mit der Herausbildung von Elementen einer städtischen Zivilisation zwischen dem 11. und 13. Jahrhundert entwickelt. Sie waren vom christlichen Gebot der Barmherzigkeit getragen, weshalb die Kirche im Almosenwesen auch materiell eine zentrale Bedeutung besaß, etwa in Form von Stiftungen oder Schenkungen von Besitzenden für Bedürftige. „Das grundlegende Modell des mittelalterlichen Christentums ist das der Vermittlung der Kirche zwischen Reichen und Armen" (Geremek 1988: 54). *historischer Hintergrund*

Die staatliche Fürsorgepolitik beschränkte sich lange Zeit darauf, die Frage zu regeln, welche Gemeinde für die Unterstützung der Armen, die gehäuft seit dem 13. Jahrhundert als wandernde Bettler auftraten, zuständig für Unterstützung sein sollte. Nach der Reichspolizeiverordnung von 1592 oblag die Armenfürsorge grundsätzlich den Heimatgemeinden der Armen. Konnte eine Gemeinde keine Hilfe leisten, so mußte sie den Armen einen Bettelpaß ausstellen, mit dessen Hilfe sie nun selbst zurechtkommen mußten. Das 1842 für Preußen eingeführte und später im Norddeutschen Bund beziehungsweise im Reich 1870 und 1894 konkretisierte „Unterstützungswohnsitzprinzip" regelte die Unterstützung in den durch hohe Mobilität bedingten Fällen von Wohnortwechseln. Diese Regelungen wurden nicht in erster Linie um der

Armen willen, sondern zur Sicherung der öffentlichen Ordnung getroffen. So sah der Gesetzgeber auch dann ab, die Leistungen der Armenfürsorge in ihrer Höhe verbindlich zu regeln. Dies geschah erst 1961 durch die Bestimmungen des Bundessozialhilfegesetzes (BSHG), das die Verordnungsregelungen zum Fürsorgewesen (1924) erweiterte und ausbaute.

Ähnlich wurde die Jugendfürsorge erst im 20. Jahrhundert sozialstaatlich geregelt. Das Reichsjugendwohlfahrtsgesetz (RJWG) aus dem Jahre 1922 definierte und faßte die außerschulischen, -familialen und -betrieblichen „sozialpädagogischen" Hilfen für Kinder und Jugendliche als Erziehungshilfen, Jugendförderung, Jugendschutz und Jugendgerichtshilfe zusammen und wies den kommunalen Jugendämtern ihre Zuständigkeit zu. Im Jugendwohlfahrtsgesetz aus dem Jahr 1961 wurden diese Hilfen ausgebaut, die Funktion der Jugendämter konkretisiert sowie die Beteiligung privater Träger sichergestellt.

*Fürsorgeleistungen als „letzte Hilfen"* — Fürsorgeleistungen werden deshalb gern als die „letzten Hilfen im Sozialstaat" bezeichnet, weil sie nur dann gewährt werden, wenn andere Hilfe nicht möglich oder bereits ausgeschöpft ist. Somit ist immer zu prüfen, ob der Hilfsbedürftige selbst oder andere soziale Einrichtungen nicht doch imstande sind, Hilfe zu gewähren. Dies bedeutet zum einen, daß die Hilfsbedürftigkeit und damit auch die Art der Hilfe von der gewährenden Stelle selbst festgestellt wird. Dies birgt die Gefahr in sich, daß − etwa aus Sparsamkeitsgründen − die Hilfe unzulänglich bleibt und die Hilfebedürftigkeit nicht behebt.

*Bedürftigkeit* — Zum anderen bedeutet die Konstruktion der letzten Hilfe, die ganz aus dem Nachrang-Gedanken des Subsidiaritätsprinzips abgeleitet ist (vgl. 2. Kapitel; vgl. Dokumentation 10, S. 103 ff.), daß die Hilfebedürftigen ihre Bedürftigkeit nachweisen müssen. Sie müssen ihre Lebensverhältnisse offenlegen.

Die helfende Einrichtung oder Person hat demgegenüber zu beachten, jedenfalls seit den Reformen oder Fürsorgegesetzen Anfang der 60er Jahre, daß Fürsorgeleistungen den Hilfesuchenden als einzelnen und „ganzen Menschen" (vgl. Scherpner 1962) Rechnung tragen sollen. Sie sollen neben den Geboten der

(a) Nachrangigkeit und
(b) Individualisierung (Einzelfallhilfe) auch
(c) Erziehung zur Selbsthilfe beinhalten (um den Grund oder/und Anlaß für den Erhalt der Fürsorgeleistungen künftig hin obsolet zu machen).

Ferner besteht heute ein Rechtsanspruch auf Fürsorgeleistungen. Die wichtigsten und für die soziale Arbeit zentralen Fürsorgeleistungen werden nach dem Bundessozialhilfegesetz (BSHG) und dem Kinder- und Jugendhilfegesetzt (KJHG) gewährt. Leistungen der öffentlichen Gesundheits- und Kriegsopfer- oder Arbeitslosenfürsorge (vgl. 6. und 7. Kapitel) sollen hier außer Betracht bleiben. Bei der nachfolgenden Darstellung sollen die jeweilige gesetzlich induzierte Grundkonstruktion als Hilfesystem, also die wichtigsten Hilfearten, Träger, Finanzierung und Probleme berücksichtigt werden. Dabei werden auch die per Gesetz festgelegten sozialen Dienstleistungen mit aufgeführt, da sich im Bereich der Fürsorgeleistungen eine systematische Trennung von Geld-/Sach- und Dienstleistungen kaum noch vollziehen läßt. Im 10. Kapitel soll dann noch einmal auf einige qualitative Aspekte der sozialen Dienstleistungen eingegangen werden.

Die *Sozialhilfe* ist als Hilfesystem in zwei Kategorien gestuft: Die in Form von „Regelsätzen" (vgl. Dokumentation 10, S. 103 ff.) standardisierte „Hilfe zum Lebensunterhalt" (HLU) hat die Funktion der Hilfe bei Mittellosigkeit und entspricht den traditionellen Armenfürsorgeleistungen. Die nichtstandardisierten Leistungen der „Hilfe in besonderen Lebenslagen" (HBL) in Form von Geld-, Sach- oder Dienstleistungen sollen sowohl besonderen Problemen von speziellen Gruppen der Mittellosen (zum Beispiel Blinden oder Pflegebedürftigen) Rechnung tragen, werden aber auch denjenigen gewährt, die (noch) nicht den untersten Armutsstatus erreicht haben. Durch die Kombination von standardisierten und nichtstandardisierten Leistungen soll der vom Gesetzgeber als individuell geprägt verstandenen Armut je spezifisch individuell begegnet werden, die Armut tendenziell beseitigt und dem Grundsatz der (formalen) Gerechtigkeit Rechnung getragen werden können. — Sozialhilfe

Der Gesamtkatalog der Hilfen nach dem BSHG, die Bedingungen zu ihrem Erhalt sowie die Ziele der Sozialhilfe sind in der Dokumentation 10, S. 103 ff., zusammengestellt. — Leistungen

Die Praxis der Sozialhilfe zeigt allerdings, daß die oben erwähnten Ziele der Sozialhilfe weitgehend uneingelöste Ansprüche geblieben sind. Vor allem die Höhe der Geldleistungen bei der Hilfe zum Le- — Probleme bensunterhalt wird seit Inkrafttreten des BSHG von Sozialexperten der Wohlfahrtspflege als nicht geeignet angesehen, den Hilfeempfängern einen „echten Teilhabeanspruch" (Schellhorn) an der Gesellschaft zu realisieren. Die Gründe für die häufig als zu niedrig kritisierten Geldleistungen werden vor allem in der verzögerten Anpassung der Leistungen an die allgemeinen Lebenshaltungskosten und im Schema zur Festsetzung der Höhe der Geldleistungen gesehen: So werden die Regelsätze zwar inzwischen regelmäßig – in den letzten Jahren jährlich – erhöht, aber die Anpassung an die Löhne und Preise ist, betrachtet man die Entwicklung über einige Jahre hinweg, nicht vollständig. Die Sozialhilfeempfänger bleiben mit ihren Einkommen im Durchschnitt hinter den Lohnabhängigen und Rentnern zurück (siehe Abbildung 10). In der Tendenz sind die Sozialhilfeempfänger heute relativ schlechter gestellt als 1962.

*Abbildung 10:* Regelsätze der Sozialhilfe im Vergleich

|   | Regelsatz DM | Regelsatz-Index 1962 = 100 | Reallohn-Index 1962 = 100 | Rentenniveau-Index 1962 = 100 |
|---|---|---|---|---|
| 1962 | 107 | 100 | 100 | 100 |
| 1970 | 155 | 115 | 149 | 146 |
| 1975 | 252 | 139 | 163 | 165 |
| 1980 | 309 | 141 | 186 | 201 |
| 1986 | 394 | 147 | 181 | 207 |

Aus: Claessens/Klönne/Tschoepe 1989: 298.

Warenkorb  Dies hängt auch damit zusammen, daß die Berechnung der Höhe der Regelsätze nach dem statistischen Bedarfsmengenschema oder dem sogenannten „Warenkorb"-Modell Benachteiligungen mit sich bringt. Der Warenkorb für Sozialhilfeempfänger orientierte sich immer an den Lebens- und Verbrauchergewohnheiten unterer Einkommensbezieher, ohne deren Standard allerdings nur annähernd zu erreichen. So beinhaltet der seit 1985 verwendete Warenkorb, der aus Teilkörben für Ernährung (55%), hauswirtschaftlichen Bedarf

(15 %) und persönliche Bedürfnisse (30 %) besteht, nur die nötigsten Güter. Er ist knapp über dem Existenzminimum fixiert. Erst in jüngster Zeit (Oktober 1989) wurde von den für die Höhe der Regelsätze zuständigen Bundesländern beschlossen, die Warenkörbe nach dem Verbrauch aller bundesdeutschen Haushalte anzulegen und nicht – wie bisher – nach denen mit niedrigem Einkommen. Die damit verbundene Erhöhung der Regelsätze um etwa 5 % wird die oben aufgezeigte relative Benachteiligung aber nicht beseitigen. Vor allem die mit steigenden Kosten verbundene Zunahme der Sozialhilfeempfänger (vgl. Abbildung 11), ständige Kampagnen seit Anfang der 80er Jahre über angeblichen Mißbrauch von Sozialhilfe durch „Trittbrettfahrer" und der wachsende Finanzdruck auf die Gemeinden, die die Hauptlast der Sozialhilfe zu tragen haben, lassen künftig nicht erwarten, daß eine echte Anpassung erreicht wird.

*Abbildung 11:* Zahl der Empfänger/innen von Sozialhilfe
– in Mio –

|  | 1970 | 1975 | 1980 | 1986 |
|---|---|---|---|---|
| Hilfe zum Lebensunterhalt | 0,749 | 1,119 | 1,322 | 2,239 |
| Hilfe in besonderen Lebenslagen | 0,965 | 1,147 | 1,125 | 1,196 |
| Gesamt | 1,714 | 2,266 | 2,447 | 3,435 |

Quelle: Statistisches Jahrbuch für die Bundesrepublik Deutschland 1975, 1979, 1983, 1988. Stuttgart, Mainz 1975/1979/1983/1988.

Ähnlich wie die Armenfürsorge wurden die Fürsorgeleistungen für Jugendliche erst in den 20er Jahren sozialstaatlich umfassender geregelt (Reichsjugendwohlfahrtsgesetz [RJWG], 1922). Es definierte die außerschulischen, -familialen und -betrieblichen Hilfen für Kinder und Jugendliche als Erziehungshilfe, Jugendförderung, Jugendschutz und Jugendgerichtshilfe. Das Gesetz faßte die Erziehungshilfe- und Leistungen zur Jugendförderung zu-

Jugendhilfe

sammen. Es wies den nun obligatorisch einzurichtenden Jugendämtern ihre Zuständigkeiten zu.
Im Jugendwohlfahrtsgesetz (JWG, 1961) wurden diese Hilfen ausgebaut, die Funktionen der Jugendämter konkretisiert und die Beteiligung privater Träger an der Jugendhilfe als vorrangig sichergestellt.

Wenn man heute von *Jugendhilfe* spricht, meint man die Leistungen nach dem Jugendwohlfahrtsgesetz (JWG) beziehungsweise dem 1990 verabschiedeten und 1991 in Kraft tretenden Kinder- und Jugendhilfsgesetz (KJHG).

Das JWG von 1961 war schon seit langem kritisiert worden. Seine Charakteristika:
(a) Orientierung am Leitbild einer „kompletten", funktionierenden Familie;
(b) die Festlegung der doppelten Nachrangigkeit öffentlicher Jugendhilfe gegenüber Hilfen privater Träger und dem Erziehungsrecht der Eltern;
(c) die Beschränkung auf Regelungen des Ablaufs und Zuständigkeiten eines gestuften Intervenierens ins Elternrecht und auf die Festlegung von Aufbau sowie Zuständigkeiten der Jugendämter.

*Kritik und Reform*  Sie standen seit seinem Bestehen im Mittelpunkt einer kritischen Diskussion unter Sozialpolitikern, Juristen und Verbänden, die vor allem auf Konkretisierung der Leistungsangaben, Verankerung von Kinderrechten und Kompetenzerweiterung der Jugendämter drängte. So schlug die Arbeiterwohlfahrt 1967 eine neue Konzeption für ein Jugendhilferecht vor, nach der die Leistungen nach qualitativen Gesichtspunkten definiert und quantitativ (vor allem im Bereich ambulanter sozialer Dienste) ausgebaut werden sollten. Die Trennung von Jugendhilfe und Jugendstrafrecht sollte aufgehoben werden. Reformanstöße in der sozialliberalen Zeit nach 1970, die diese Vorschläge aufgriffen und die auch die Stellung der Kinder und Jugendlichen rechtlich stärken wollten, scheiterten letztlich im gesetzgeberischen Verfahren (Ablehnung des Gesetzentwurfs durch den unionsmajorisierten Bundesrat).
Die christlich-liberale Bundesregierung, die in ihrer Sozialpolitik einen Akzent auf die Förderung der Familie legen will (vgl. 7. Kapitel), nahm sich ihrerseits die Reform der Jugendhilfe vor.

*Leistungen* Das neue KJHG unterscheidet nicht mehr − wie noch das JWG − zwischen „Jugendfürsorge" und „Jugendpflege", sondern kategorisiert zwischen Funktionen, die als „Leistungen" bezeichnet und in Form von Angeboten erbracht werden sollen (aber nicht müssen), und solchen, die als „andere Aufgaben" bezeichnet und durchweg als Pflichtaufgaben wahrgenommen werden (vgl. im einzelnen hierzu Dokumentation 11, S. 107ff.). Als Leistungen werden die früher als jugendpflegerisch verstandenen Angebote zur außerschulischen Bildung, der sportlichen und geselligen Tätigkeiten sowie die Förderung von Jugendverbänden aufgeführt. Ebenso werden Angebote zum Ausgleich sozialer Benachteiligungen von Kindern und Jugendlichen („Jugendsozialarbeit") sowie Beratungshilfen, Freizeiten usw. zur Förderung der Erziehungskompetenz der Familien als Leistungen der Kinder- und Jugendhilfe ausgewiesen. Hinzu kommen als „Förderungsangebote" bezeichnete Leistungen für junge Menschen in Erziehungssituationen neben oder anstelle der familialen Erziehung (beispielsweise Erziehungsbeistandsschaft, Tagespflege, Heimerziehung). Zu den „anderen Aufgaben" der Jugendhilfe zählen die „Inobhutnahme" von Kindern und Jugendlichen bei Gefahr für ihr Wohl, das Genehmigen von Einrichtungen der Jugendhilfe, die Mitwirkung bei gerichtlichen Verfahren sowie bei Pflegschaft und Vormundschaft.

Das KJHG regelt nicht im einzelnen und nicht konkret, wann welche die häusliche Erziehung ergänzenden oder ersetzenden Leistungen zu erbringen sind oder wann nicht. Es faßt vielmehr im wesentlichen die in der heute praktizierten Jugendhilfe vorhandenen – meist sozialpädagogischen – Hilfeformen wie in einem Katalog zusammen und stellt sie dem Träger von Maßnahmen als Möglichkeiten zur Verfügung, von denen er nach Lage des Einzelfalles (Grad der vom Träger selbst festgestellten Bedüftigkeit außerfamilialer oder familienstützender sozialpädagogischer Leistungen) oder/und seinen finanziellen Möglichkeiten (etwa auch bei Bildungs- und Freizeitangeboten) Gebrauch machen soll. Damit wurde gegenüber dem JWG im Hinblick auf die Verbindlichkeit von Leistungen kein Fortschritt erzielt. Das KJHG setzt auch keine konkreten Standards für Qualität der Leistungen (beispielsweise für Bildungsangebote), von Einrichtungen oder Qualifikationen von Fachkräften. Bei den Trägerverhältnissen wurde – dem Nachrangverständnis des Subsidiaritätsprinzips abgeleitet (vgl. 2. Kapitel) – die bisherige Grundkonstruktion beibehalten: Bei den Leistungen der Kinder- und Jugendhilfe sollen die öffentlichen und die sogenannten freien Träger Maßnahmen anbieten dürfen. Grundsätzlich sollen öffentliche Träger den Vorrang von Maßnahmen freier Träger anerkennen und im übrigen die freie Ju-

*Allgemeine Charakteristika des KJHG*

gendhilfe fördern beziehungsweise „partnerschaftlich" zusammenarbeiten (vgl. § 4 KJHG). Die als „andere Aufgaben" bezeichneten Leistungen übernimmt das Jugendamt. Auch hat sich die innere Orientierung der Jugendhilfe am Bild einer mehr oder weniger funktionierenden oder doch funktionieren sollenden Familie nicht geändert. Allerdings ist beim KJHG die Blickrichtung des Gesetzgebers anders als beim JWG: War dieses dem Charakter nach eine Regelung der Intervention in das Elternrecht auf „Pflege und Erziehung der Kinder" (Artikel 6 GG, vgl. Dokumentation 1, S. 14f.), so geht das KJHG von der Hypothese aus, daß die Erziehungsberechtigten zur Erziehung motiviert oder kompetent sind, sein sollten oder gemacht werden können. Es legt daher den Charakter seiner Hilfen zunächst wesentlich als pädagogische Einwirkungen auf die Erziehungs- beziehungsweise Personensorgeberechtigten aus. Das KJHG ist in weiten Teilen ein Familien- oder Erziehungsberechtigtenhilfegesetz, das auch präventiv wirken will. Es berücksichtigt auch die wachsende Zahl von Alleinerziehenden, indem es für diese Gruppe besondere Angebote zur Verfügung stellen will. Schließlich ist die deutliche und im Vergleich zu anderen sozialpolitischen Gesetzen geradezu auffällige explizite Ausrichtung an pädagogischen Zielvorstellungen eine Eigenart des KJHG. Die Fixierung von diversen Erziehungszielen anhand der anzubietenden Maßnahmen im Bereich der Kategorie „Leistungen" steht im Kontrast zur quantitativen und qualitativen Unverbindlichkeit der Maßnahmen selbst.

Als Erziehungsziele der Jugendhilfe werden unter anderen formuliert:

(a) eigenverantwortliche und gemeinschaftsfähige Persönlichkeit (§ 1 JHG);
(b) selbständiges und verantwortliches Handeln (§ 9);
(c) Selbstbestimmung und Bereitschaft zu gesellschaftlicher Mitverantwortung und sozialem Engagement (§ 11);
(d) Kritik- und Entscheidungsfähigkeit sowie Eigenverantwortlichkeit, Verantwortung gegenüber Mitmenschen (§ 14);
(e) partnerschaftliches und konfliktfähiges Zusammenleben in der Familie (§ 17).

Diese in der Sozialpädagogik heute kaum strittigen Erziehungsziele geben dem KJHG einen modernen Grundton; sie wollen sich damit sicher gegen noch vorhandene autoritäre Erziehungspraktiken in Heim und Familien wenden. Aber in ihrer – notwendigen – Allgemeinheit sind sie dehnbar (zum Beispiel „Kritikfähigkeit") und damit politisch formbar und als Abgrenzung gegenüber hier nicht genannten Zielen (zum Beispiel „Bereitschaft, andere Lebensformen zu praktizieren oder zu tolerieren") verwendbar.

Die Träger der Fürsorgeleistungen sind die Sozial- und Jugendämter auf örtlicher und überörtlicher Ebene sowie die Verbände und andere Organisationen (zum Beispiel kleine Vereine) der freien Wohlfahrtspflege. Träger der Fürsorgeleistungen

Nach dem BSHG (§ 10) und dem KJHG (§ 4) müssen die öffentlichen Träger mit den freien Wohlfahrtsverbänden zusammenarbeiten, ihre Selbständigkeit achten und sie finanziell angemessen unterstützen. öffentliche und freie Träger

Diese Bestimmungen schreiben die historisch überbrachten Funktionen von privaten Initiativen und Organisationen im Fürsorgewesen fest und weisen ihnen in diesem Hilfesystem als vorrangig fungierende Hilfen eine strukturell starke Rolle zu. Neben traditionellen und sozialdogmatischen (Subsidiaritätsverständnis) Erwägungen dürften bei diesem Ordnungsprinzip auch politische und finanzielle Erwägungen ein Grund für die starke Stellung der freien Träger sein: freie Träger helfen öffentliche Kosten sparen, obwohl die Mehrzahl der Verbände je nach Tätigkeitsfeld unterschiedlich, insgesamt aber überwiegend aus öffentlichen Mitteln bezuschußt wird (nach Schätzungen: 75 bis über 90 %).

Freie Träger der sozialen Arbeit können kleine und große Vereine sein, zum Beispiel ein Verein zur Förderung von ausländischen Schülern/innen oder ein Jugendverband. Auch die von Betroffenen gegründeten Selbsthilfegruppen, wie sie zu Tausenden (rund 40 000 Selbsthilfegruppen in der Bundesrepublik Deutschland) besonders im Gesundheitsbereich (beispielsweise in der Krebsnachsorge) seit Ende der 70er Jahre entstanden sind, sind freie Träger der sozialen Arbeit. freie Träger/ Wohlfahrtsverbände

Gewöhnlich aber meint man mit dem Begriff „freie Träger" einen der anerkannten sogenannten „Spitzenverbände der Freien Wohlfahrtspflege" beziehungsweise einen diesen Verbänden als Mitglied angehörenden Einrichtungs- oder Maßnahmenträger. Es sind dies – je- Organisation

# Fürsorgeleistungen

weils auf Bundes-, Länder-, regionaler und/oder lokaler Ebene organisiert – :
(a) die Verbände der Arbeiterwohlfahrt,
(b) die Caritasverbände (der katholischen Kirche),
(c) die Diakonischen Werke (der evangelischen Kirche),
(d) die Verbände des Deutschen Roten Kreuzes,
(e) die Verbände (Vereinigungen) des Deutschen Paritätischen Wohlfahrtsverbandes und
(f) die Zentralwohlfahrtsstelle der Juden in Deutschland.
Diese sind auf Bundes- (BAG) und Länderebene (LAG) in Arbeitsgemeinschaften der Freien Wohlfahrtspflege zusammengeschlossen. Die Spitzenverbände selbst gliedern sich jeweils in Landes-, teilweise in Bezirks- und Ortsverbände, so daß sie auf allen Ebenen der sozialpolitischen Willensbildung und Geldverteilung präsent sind.
Die Spitzenverbände sind – neben den Sozial- und Jugendämtern – mit knapp 500000 Vollzeit- und 180000 Teilzeitbeschäftigten (davon etwa 8/10 bei den Caritasverbänden und Diakonischen Werken) die wichtigsten Anstellungsträger für soziale Arbeiter/innen. Sie haben in einigen Bereichen der sozialen Sicherung eine monopolartige Stellung. So stellen die Wohlfahrtsverbände etwa 70% der Plätze in der stationären Jugendhilfe (Heime), 80% der Kindergarten-, 40% der Krankenhaus- und 60% der Plätze der stationären Altenhilfe; in der stationären Behindertenhilfe bieten sie rund 90% der Plätze an.
Die großen Wohlfahrtsverbände sind im Sozialstaat regelmäßig dort stark vertreten, wo Sozialleistungen in Form personaler Dienstleistungen (vgl. 9. Kapitel) erbracht und – außer im Bereich Krankenhaus – als Fürsorgeleistungen vergeben werden, etwa in der Alten-, Jugend-, Familien- oder Nichtseßhaftenarbeit. So scheinen sie die Lücken zu schließen, die die im wesentlichen an der abhängigen Erwerbsarbeit orientierte öffentliche Sozialpolitik gegenüber nicht (mehr) erwerbstätigen Schwachen der Gesellschaft offenläßt.

Finanzierung  Da aber die Wohlfahrtsverbände ganz überwiegend mit öffentlichen Mitteln finanziert werden – weitere Quellen: Spenden, Sammlungen, Zuwendungen aus Lotterien, Eigenmittel – besteht die Gefahr, daß ein Teil dieser Funktion als Lückenausgleicher aus dem Blick gerät. Die öffentlichen Mittel werden in Form von Zuwendungen für bestimmte soziale Aufgaben oder als Erstattungen beziehungsweise Zweckzuschüsse („Pflegesätze") gewährt. Zuwendungen erhalten die Verbände zum Beispiel für die Auslandsarbeit (Hilfsaktionen bei Katastrophen), Arbeit mit ausländischen Arbeitnehmern, Asylbewerbern, Flüchtlingen, Aus- und Übersiedlern), also dort, wo öffentliche Geldgeber soziales Geld ausgeben, wenn ein (neues) soziales Problem angegangen werden soll. Die Verbände handeln hier quasi „im Auftrag" der staatlichen oder kommunalen Stellen. Und nicht selten werden die Mittel kartellmäßig unter die Verbände verteilt (zum Beispiel die Mittel für die Arbeit mit ausländischen Arbeitnehmern, Übersiedlern, Aussiedlern). Die Zweckbindung der Mittel (zum Beispiel Sprachförderung für Aussiedler) bindet die Verbände gleichzeitig sozialpolitisch ein und schafft ein Element der Starrheit: Wenn die Verbände und ihre Mitarbeiter/innen die Entstehung neuer sozialer Probleme zwar sehen, aber wegen des festgelegten Handlungsspielraums (Mittelbindung) nicht ohne weiteres darauf eingehen können (beispielsweise Schuldenproblem bei Übersiedlern, längerfristige Anpassungsprobleme), werden diese Grenzen deutlich. Im günstigeren Falle wird mit einem gewissen zeitlichen Verzögerungseffekt ein weiteres Hilfeprogramm (Schuldenberatung) entwickelt, öffentlich finanziert und ebenfalls von den Verbänden ausgeführt.

Ähnlich kann die andere öffentliche Finanzierungsart, die Erstattung, die vor allem in den Bereichen Gesundheitswesen (Krankenhäuser), stationäre Jugend- oder Altenhilfe praktiziert wird, dazu führen, daß die Wohlfahrtsverbände zwar sozial präsent bleiben, aber tendenziell eher die finanziell gesicherten Aufgaben wahrnehmen („Pflegesatz-Wohlfahrt") und dabei vielleicht neue soziale Probleme (zum Beispiel Formen der „Neuen Armut" der 80er und 90er Jahre: Erwerbslosigkeit alleinstehender Frauen, Analphabetismus) aus dem Blick- und Handlungshorizont verlieren.

## Diskussion

- Warum ist es notwendig, den Warenkorb zur Ermittlung der Sozialhilfe-Regelsätze von Zeit zu Zeit zu überarbeiten?
- Warum ist es besonders schwierig, eine Reform der Jugendhilfe politisch durchzusetzen?
- Wäre vielleicht eine dritte Form der öffentlichen Finanzierung der freien Träger der Wohlfahrtspflege denkbar – und wie würde sie sich auswirken?

## Dokumentation 10

**ÜBERSICHT ÜBER DAS BUNDESSOZIALHILFEGESETZ (BSHG)**

– in der Fassung der Bekanntmachung vom 24. 5. 1983 (BGBl I 1983, S. 613), zuletzt geändert durch das Vierte Gesetz zur Änderung des Bundessozialhilfegesetzes vom 21. 6. 1985 (BGBl I 1985, S. 1081) –

### 1. Allgemeines und Bedingungen für den Erhalt von Sozialhilfe

*(a) Gewährende Klauseln*

Sozialhilfe soll die Führung eines menschenwürdigen Lebens ermöglichen (§ 1 Absatz 2).
Es soll das Selbsthilfestreben der Hilfeempfänger gestärkt und der Versuch gemacht werden, ihnen unabhängig von öffentlicher Hilfe eine Lebenschance zu geben (§ 1 Absatz 2); besonders die Kräfte der Familie sollen zur Selbsthilfe angeregt werden (§ 7): Hilfe zur Selbsthilfe.
Bei der Fallbearbeitung muß die Besonderheit des Einzelfalles gewürdigt werden (§ 3).
Auf Leistungen nach dem BSHG besteht ein Rechtsanspruch (§ 4).
Sozialhilfe hat einzusetzen, wenn dem Träger die Notlage bekannt wird. Ein Antrag ist nicht nötig. Der Hilfeempfänger muß aber sein Einverständnis geben (Amtsprinzip) (§ 5).
Sozialhilfe soll vorbeugend gewährt werden, wenn dadurch eine drohende Notlage im Ansatz abgewendet werden kann (§ 6 Absatz 2).
(Fortsetzung: S. 104, linke Spalte)

*(b) Abverlangende Bedingungen*

Die Hilfeempfänger sind verpflichtet, alles in ihren Kräften stehende zu tun, um möglichst bald wieder ohne Hilfe aus öffentlichen Mitteln leben zu können (§ 1 Absatz 2).
Die Hilfesuchenden sind verpflichtet, den Sozialhilfeträgern Einblicke in ihre persönlichen und finanziellen Verhältnisse zu gewähren und bei der Prüfung der Notlage mitzuhelfen: Wer dieser Mitwirkungspflicht nicht nachkommt, denen kann unter Umständen die Leistung versagt werden (§§ 60 – 67 Sozialgesetzbuch Teil I).
Sozialhilfe ist nachrangig gegenüber Hilfe aus anderen öffentlichen Mitteln oder von Privatpersonen (§ 2).
Besondere Wünsche für die Gestaltung der Sozialhilfe werden nur dann akzeptiert, wenn sie nach dem Gesetz angemessen sind und keine unvertretbaren Mehrkosten erfordern (§ 3 Absatz 2).
Arbeitswilligkeit (§§ 18, 19): Hilfesuchende müssen sich um Arbeit bemühen; gegebenenfalls soll ihnen Arbeit
(Fortsetzung: S. 104, rechte Spalte)

## Dokumentation 10

Aus Gründen der Wirksamkeit soll die Hilfe im Bedarfsfall auch nach Beseitigung einer Notsituation als nachgehende Hilfe gewährt werden (§ 6 Absatz 2). Die Hilfe soll familiengerecht sein (§ 7). Die Träger der Sozialhilfe sind beratungspflichtig.

gegeben werden, notfalls als gemeinnützige oder zusätzliche Arbeit (§ 19 Absatz 2). „Zumutbare" Arbeit muß angenommen werden. Nicht zumutbar sind: Tätigkeiten, die geistig oder körperlich überfordern oder die Ausübung der bisherigen Tätigkeit behindern würde; wenn Kindererziehung oder andere häusliche Pflichten leiden würden (§ 18 Absatz 3).

Bedürftigkeit (§§ 76–88): Bei Hilfe zum Lebensunterhalt (siehe unten): Volle Anrechnung von (Familien-)Einkommen und Vermögen über 2000,– DM. Bei Hilfe in besonderen Lebenslagen (siehe unten): Grundfreibetrag in Höhe von 2 × Eckregelsatz (siehe unten) plus Kaltmiete plus 80% Eckregelsatz für jeden Familienangehörigen; Vermögen über 4000,– DM; erhöhte Freibeträge für Behinderte, Anstaltsbewohner, Krankheit, Tbc-Hilfe. Freibeträge sind analog der allgemeinen Bemessungsgrundlage der gesetzlichen Rentenversicherung dynamisiert.

Ausschöpfung von Unterhaltsverpflichtungen (§ 91): Unterhaltspflichtige Personen (Ehepartner, Eltern, in gewissem Umfang Kinder) werden mit ihrem Einkommen und Vermögen herangezogen. Bei „Haushaltsgemeinschaften" kann Unterstützung vermutet werden (§ 16).

Wirtschaftlichkeit: Bei „unwirtschaftlichem Verhalten" kann – ebenso wie bei Arbeitsverweigerung – die Hilfe bis auf das „zum Lebensunterhalt Unerläßliche" eingeschränkt werden (§ 25).

## 2. Hilfe zum Lebensunterhalt (HLU) (§§ 11 – 26)

Sie muß denjenigen gewährt werden, die den „notwendigen Lebensunterhalt nicht oder nicht ausreichend aus eigenen Kräften und Mitteln, vor allem nicht aus (ihren) Einkommen und Vermögen, beschaffen (können)" (§ 11 Absatz 1).

Laufende Leistungen in Form von Regelsätzen (RS) (§ 21 Absatz 1) für:

Ernährung; Kochfeuerung; Beschaffung von Wäsche und „kleinem Hausrat"; Instandhaltung von Kleidung, Wäsche und „kleinem Hausrat"; Körperpflege und Reinigung; Beleuchtung und Betrieb elektrischer Geräte; Bedürfnisse des täglichen Lebens (§ 1 VO zu § 22).

Regelsätze sind so zu bemessen, daß sie unter den durchschnittlichen Nettolohn unterer Lohngruppen liegen.

Der Regelsatz für eine(n) Alleinstehende(n) beziehungsweise „Haushaltsvorstand" beträgt (Juli 1990) im Bundesdurchschnitt 447,– DM (nach Ländern variiert) = „Eckregelsatz" (EckRS); Haushaltsangehörigen wird ein Regelsatz in Höhe von 45 % bis einschließlich 7., 65 % bis einschließlich 14., 80 % bis einschließlich 21. und 90 % für alleinstehende junge Erwachsene zwischen 18 bis unter 25 Jahren gewährt (§ 2 VO zu § 22).

„Mehrbedarf" wird folgenden Personen zugestanden (§§ 23, 24): Über 65 Jahre alt: 20 % EckRS; erwerbsunfähig gemäß GRV: 20 % EckRS; Schwangere vom 8. Monat an: 20 % EckRS; Tbc-Kranke: 20 % EckRS; Alleinerziehende mit einem Kind unter 7 Jahren oder mit 2 oder 3 Kindern unter 16 Jahren: 20 % EckRS; bei 4 und mehr Kindern unter 16 Jahren: 40 % EckRS; Behinderte während einer Maßnahme zur Eingliederung (Schul-, Aus- und Fortbildung): 40 % EckRS; Erwerbstätige, vor allem leistungseingeschränkte, „in angemessener Höhe" (Detailregelung für Blinde § 24).

Miete (§ 12).

Krankenversicherung (Pflichtleistung).

Alterssicherung (Kannleistung (§§ 13, 14).

Einmalige Leistungen in Form von Beihilfen (§ 21 Absatz 1) für:

Bekleidung, Wäsche (Grundausstattung); Hausrat; Brennstoff; Umzug, Renovierung, Umbau; Reisen, Familienfeiern, Schulsachen; Sonderfälle (Ausgleich von Mietschulden o. ä.) (§ 15a); Bestattungskosten (§ 15).

Grenze der Höhe der Beihilfe: laufende Regelsätze plus 10 % (Art und Umfang der einmaligen Leistungen wird in der Regel durch Verwaltungsvorschriften der Gemeinden geregelt).

Wer „einzelne für seinen Lebensunterhalt erforderliche Tätigkeiten nicht verrichten kann", kann eine Unterstützung bekommen für (§ 11 Absatz 3): Einkaufen; Fensterputzen; Heizen; Kochen, Abwaschen; Saubermachen (Verwaltungsvorschriften von Gemeinden).

Dokumentation 10

## 3. Hilfe in besonderen Lebenslagen (HBL) (§§ 27 – 75)

| Art der Hilfe | Charakter | Formen der Hilfe |
|---|---|---|
| Hilfe zum Aufbau oder zur Sicherung einer Lebensgrundlage (§ 30). | Kann | Beihilfen oder Darlehen. |
| Vorbeugende Gesundheitshilfe (§ 36) (auch Vorsorgeleistungen gemäß gesetzlichen Krankenversicherung). | Soll (Pflicht) | Beihilfen beziehungsweise Kostenersatz (diess.). |
| Krankenhilfe (§ 37), Hilfe bei Abbruch von Schwangerschaft, Sterilisation und Familienplanung (§§ 37a, b). | Pflicht | Ambulante und stationäre Behandlung, Krankenkostzulagen, Zahnersatz, Beratung. |
| Hilfe für werdende Mütter und Wöchnerinnen (§ 38). | Pflicht | Ärztliche Betreuung, Arznei, Pflege, Mutterschaftsgeld (einmalig mindestens 35, – DM, maximal 150, – DM). |
| Eingliederungshilfe für Behinderte (§§ 39 – 47). | Pflicht | Ambulante und stationäre Behandlung, Hilfsmittel, Rehabilitationsleistungen. |
| Blindenhilfe (§ 67). | Pflicht | Blindenhilfe 812, – DM über 18 Jahre, 405, – DM unter 18 Jahre (jährliche Anpassung gemäß Bundesversorgungsgesetz). |
| Hilfe zur Pflege (§§ 68, 69). | Pflicht | Hauspflege, Pflegegeld 290, – DM; Behinderte/Blinde 788, – DM (jährliche Anpassung gemäß Bundesversorgungsgesetz); Blindenhilfe wird zu 70% angerechnet. Bei Gewährung von Hauspflege kann Pflegegeld um bis zu 50% gekürzt werden. |
| Hilfe zur Weiterführung des Haushalts (§§ 70, 71). | Soll | Betreuung, Hauspflege, vorübergehende Fremdunterbringung. |
| Hilfe zur Überwindung besonderer sozialer Schwierigkeiten (vormals „Gefährdetenhilfe") (§ 72): „Personen ohne ausreichende Unterkunft" (Obdachlose); „Landfahrer" („Personen, die im Sippen- oder Familienverband ... leben und ... umherziehen", § 3 VO zu § 72); „Nichtseßhafte"; „aus Freiheitsentziehung Entlassene"; „Verhaltensgestörte junge Menschen". | Pflicht | Beratung, Betreuung, Wohnungshilfe, Hilfen bei Erlangung und Sicherung eines Arbeitsplatzes, Ausbildung, Anregungen zur Freizeit (ohne Berücksichtigung von Einkommen oder Vermögen). |
| Altenhilfe (§ 75). | Soll | Wohnungshilfe, Hilfen bei/zur Inanspruchnahme von sozialen Diensten, Freizeitangeboten, Sozialkontakten (ohne Berücksichtigung von Einkommen oder Vermögen). |

## DAS KINDER- UND JUGENDHILFEGESETZ (KJHG) 1990

– Bundesrat Drucksache 267/90 –

### 1. Grundsätzliches

(A) Allgemeine Normen und Ziele
(1) Recht jedes jungen Menschen „auf Förderung seiner Entwicklung und auf die Erziehung zu einer eigenverantwortlichen und gemeinschaftsfähigen Persönlichkeit". (§ 1 Absatz 1)
(2) „Staatliche Gemeinschaft ... wacht" über die Betätigung von Erziehungsrecht und -pflicht der Eltern. (§ 1 Absatz 2)
(3) Jugendhilfe soll junge Menschen „in ihrer individuellen und sozialen Entwicklung fördern und dazu beitragen, Benachteiligungen zu vermeiden oder abzubauen", sie soll Erziehungsberechtigte bei der Erziehung unterstützen, junge Menschen vor Gefahren schützen und dazu „beitragen, positive Lebensbedingungen für junge Menschen und ihre Familien sowie eine kinder- und familienfreundliche Umwelt zu erhalten oder zu schaffen". (§ 1 Absatz 3)

(B) Öffentliche und freie Jugendhilfe
(1) Öffentliche und freie Jugendhilfe sollen „partnerschaftlich zusammenarbeiten". (§ 4 Absatz 1)
(2) Die öffentliche Jugendhilfe muß die Selbständigkeit der freien Jugendhilfe „achten", soll sie fördern, sie soll nachrangig gegenüber Angeboten der freien Jugendhilfe sein. (§§ 4 Absatz 2 und 3; 12 Absatz 1; 74)
(3) Als freier Träger wird anerkannt, wer einschlägige Jugendarbeit leistet, gemeinnützige Ziele verfolgt, fachliche Kompetenzen einsetzt, „die Gewähr für eine den Zielen des Grundgesetzes förderliche Arbeit bietet" und mindestens drei Jahre in der Jugendhilfe tätig ist. Kirchen und die in der Bundesarbeitsgemeinschaft der Freien Wohlfahrtspflege zusammengeschlossenen Verbände (vgl. S. 100) sind anerkannte Träger. (§ 75)

(C) Begriffe
Kinder: Junge Menschen unter 14 Jahren;
Jugendliche: Junge Menschen über 14 Jahren bis unter 18 Jahre;
Junge Volljährige: Junge Menschen über 18 Jahren unter 27 Jahren;
Junge Menschen: Personen unter 27 Jahren. (§ 7)

(D) Beteiligung von Kindern und Jugendlichen
Kinder und Jugendliche müssen an allen sie betreffenden Entscheidungen der öffentlichen Jugendhilfe „entsprechend ihrem Entwicklungsstand" beteiligt werden. Sie müssen in Verfahren bei Vormundschafts- und Verwaltungsgerichten über ihre Rechte informiert werden. Sie haben das Recht, sich in allen Erziehungsfragen an das Jugendamt zu wenden, auch ohne Kenntnis der Erziehungsberechtigten (§ 8).

(E) Pädagogische Grundausrichtung der Jugendhilfe
Die Leistungen der Jugendhilfe sollen die Grundrichtung der häuslichen Erziehung bei der „Bestimmung der religiösen Erziehung" und „... die wachsende Fähigkeit und das wachsende Bedürfnis des Kindes oder des Jugendlichen zu selbständigen, verantwortungsbewußten Handelns ... und (die) kulturellen Bedürfnisse und Eigenarten junger Menschen und ihrer Familien ... beachten." Ferner sollen die geschlechtsspezifischen Lebenslagen berücksichtigt, entsprechende Benachteiligungen abgebaut und die Gleichberechtigung der Geschlechter gefördert werden. (§ 9)

## 2. Leistungen der Jugendhilfe

Generell: Öffentliche und freie Träger, sämtliche Leistungen als Soll- oder Kann-Leistungen in Form von Angeboten, jeweils ohne Festlegung des Umfangs oder der genauen Anspruchsberechtigung.

(A) Hilfen für Kinder und Jugendliche
(1) „Jugendarbeit": Außerschulische Bildung, Sport, Geselligkeitsangebote, arbeitswelt-, schul- und familienbezogene sowie internationale Jugendarbeit; Kinder- und Jugenderholung sowie -beratung. (§ 11)
(2) „Jugendsozialarbeit": Sozialpädagogische Hilfen zur „Eingliederung in die Arbeitswelt" oder Ausbildung, gegebenenfalls unterstützt durch „sozialpädagogisch begleitete Wohnformen". (§ 13)
(3) „Erzieherischer Kinder- und Jugendschutz": Pädagogische Angebote an junge Menschen und Erziehungsberechtigte zur kritischen Auseinandersetzung mit „gefährdenden Einflüssen" und zur besseren diesbezüglichen pädagogischen Befähigung der Erziehungsberechtigten. (§ 14)

(B) Förderung der Erziehung in der Familie
(1) Familienbildung, Beratung zu Entwicklung und Erziehung junger Menschen, Familienfreizeiten und -erholung. (§ 16)
(2) Partnerschaftsberatung, Hilfe bei der Entwicklung eines Konzepts der elterlichen Sorge im Falle der Trennung und Scheidung. (§ 17)

(3) Unterstützung bei der Personensorge: Beratung, Hilfe bei der Geltendmachung von Unterhaltsleistungen und bei der Feststellung der Vaterschaft; Beratung und andere Unterstützung für diejenigen, denen die elterliche Sorge nicht zusteht. (§ 18)
(4) Unterkunft und Betreuung für Mütter oder Väter mit einem Kind unter 6 Jahren, „wenn und solange sie aufgrund ihrer Persönlichkeitsentwicklung" dieser Hilfe bedürfen. (§ 19)
(5) Unterstützung im Falle, daß der erziehende Elternteil durch Krankheit oder sonstige zwingende Gründe ausfällt. (§ 20)
(6) Wohnangebote für Kinder und Jugendliche, deren Eltern aufgrund ihrer Berufstätigkeit (häufiger Ortswechsel) die Erfüllung der Schulpflicht nicht sicherstellen können. (§ 21)

(C) Förderung von Kindern in Tageseinrichtungen und Tagespflege
(1) Allgemeine pädagogische Grundsätze zur Erziehung von Kindern in Kindergärten, Horten und anderen Einrichtungen. (§ 22)
(2) Vermittlung von Pflegepersonen (Kann-Leistung), die Anspruch auf fachliche Beratung haben. Bei vermittelten Pflegepersonen sollen die Kosten für die Tagespflege ersetzt werden. (§ 23)
(3) Verpflichtung für die Bundesländer, „für einen bedarfsgerechten Ausbau" von Tageseinrichtungen zu sorgen. (§ 24)
(4) „Erziehungsberechtigte, die die Förderung von Kindern selbst organisieren wollen, sollen beraten und unterstützt werden." (§ 25)

(D) Hilfen zur Erziehung
Erziehungsberatung. (§ 28)
Soziale Gruppenarbeit für ältere Kinder und Jugendliche. (§ 29)
Erziehungsbeistandsschaft oder „Betreuungshelfer". (§ 30)
Sozialpädagogische Familienhilfe. (§ 31)
Erziehung in einer Tagesgruppe (um möglichst eine Heimeinweisung zu verhindern). (§ 32)
Vollzeitpflege in einer anderen Familie. (§ 33)
Heimerziehung. (§ 34)
„Intensive sozialpädagogische Einzelbetreuung". (§ 35)
Rahmenbedingungen der Hilfen zur Erziehung: Mitwirkung und Beratung der Erziehungsberechtigten bei anstehenden Entscheidungen (§ 36); Regelungen zum Inhalt der Personensorge (§ 38); generelle Bestimmung zum Unterhalt bei Fremdunterbringung. (§ 39)
Hilfe für junge Volljährige und zur Nachbetreuung. (§ 41)

## 3. „Andere Aufgaben" der Jugendhilfe

Generell: Wahrnehmung durch öffentliche Träger.

(A) „Inobhutnahme" und Herausnahme des jungen Menschen ohne Zustimmung des Personensorgeberechtigten „bei Gefahr für das Wohl des Kindes" oder bei Vernachlässigung oder Mißhandlung. (§§ 42, 43)

(B) Kontrolle der außerfamilialen Einrichtungen („Schutz von Kindern und Jugendlichen in Familienpflege und in Einrichtungen"): Pflegeerlaubnis und Festlegung der erlaubnisfreien Betreuungen (zum Beispiel als Pfleger, Vormund oder Verwandter) (§ 44); Erlaubnis für den Betrieb einer Betreuungseinrichtung und Fixierung allgemeiner Gründe, die Erlaubnis zu versagen („Wohl der Kinder ... nicht gewährleistet") (§ 45); Meldepflichten für Einrichtungen (zum Beispiel Platzzahl, Qualifikation der Fachkräfte). (§ 47)

(C) Mitwirkung in gerichtlichen Verfahren

Unterstützungsgebot für das Jugendamt bei Vormundschafts- und Familiengerichtsangelegenheiten (zum Beispiel Informationen über mögliche Leistungen des Jugendamtes) und Anrufungspflicht des Jugendamtes bei Gericht zur Abwendung einer Gefahr des Kindes oder des Jugendlichen. (§ 50)

Beratungs- und Belehrungspflicht des Jugendamtes gegenüber Eltern bei Adoptivverfahren, wenn die Einwilligung zur Adoption durch Gerichtsbeschluß ersetzt werden soll. (§ 51)

Mitwirkungspflicht und Betreuungsgebot (auch für freie Träger) bei Verfahren nach dem Jugendgerichtsgesetz. (§ 52)

(D) Pflegschafts- und Vormundschaftsregelungen

Vorschlagsrecht des Jugendamtes von geeigneten Personen oder Vereinen gegenüber dem Vormundschaftsgericht; Kontrolle der Pflegepraxis durch das Jugendamt; Beratungs- und andere Unterstützungspflicht des Jugendamtes gegenüber den Pflegern und Vormündern. (§ 53, 54)

Funktionen des Jugendamtes als bestellte oder als Amtsvormundschaft (nichteheliche Kinder): Anwendung der Bestimmungen der §§ 1773 ff. des Bürgerlichen Gesetzbuches (BGB). (§§ 56 – 58)

## 4. Datenbestimmungen

Daten dürfen nur erhoben, weitergegeben oder gespeichert werden, insoweit der Verwendungszweck dies unmittelbar rechtfertigt; für Planungszwecke müssen die Daten anonymisiert werden. (§§ 61 – 68)

## 5. Jugendämter

(A) Pflicht zur Errichtung von Jugendämtern auf örtlicher und Landesjugendämtern auf überörtlicher Ebene. (§ 69)
(B) Organisation: (Landes-)Jugendhilfeausschuß und Verwaltung des (Landes-)Jugendamtes nehmen die Aufgaben des (Landes-)Jugendamtes wahr. Die Geschäfte werden vom/von der Amtsleiter/in geführt. (§ 70)
(C) Zusammensetzung der (Landes-)Jugendhilfeausschüsse: 3/5 müssen Mitglied des entsprechenden Parlaments oder von ihm gewählte fachkompetente Personen sein, 2/5 werden vom entsprechenden Parlament als Vertreter/innen der freien Jugendhilfe (Vorschläge der Jugend- und Wohlfahrtsverbände müssen „angemessen" berücksichtigt werden). (§ 71 Absatz 1)
(D) Funktion der (Landes-)Jugendausschüsse: Empfehlungen zur Weiterentwicklung der Jugendhilfe, „Befassung" mit Jugendhilfeplanung und Förderung der freien Jugendhilfe; Beschlußrecht über Mittelverteilung, Wahrnehmung des Anhörungsgebotes bei Jugendhilfeangelegenheiten für das Parlament und bei Einstellung eines/r Amtsleiters/in. (§ 71)
(E) Gebot zur Einstellung von Fachkräften, Sicherstellungspflicht von Fortbildung und Praxisberatung.

## 6. Heranziehung zu den Kosten

Gebühren für einzelne Leistungen der Jugendhilfe sind möglich (zum Beispiel bei Tageseinrichtungen), ansonsten können die Eltern oder Kinder beziehungsweise Jugendlichen bei Leistungen und anderen Aufgaben der Jugendhilfe zu den Kosten herangezogen werden, wenn sie nicht unter die im BSHG (§§ 76–88, vgl. Dokumentation 10, S. 103) fixierte Bedürftigkeitsgrenze fallen. (§§ 90–93)

## 9. Kapitel
## Soziale Dienstleistungen —
## das Feld für die sozialen Berufe

Das finanzielle Gewicht der sozialen Dienstleistungen im gesamten Sozialbudget ist mit rund 1/10 der Ausgaben verhältnismäßig gering. Aber immerhin hat sich der Umfang der Dienste, gemessen am dafür verausgabten Geld, in den letzten 15 Jahren schätzungsweise verdoppelt.

Die immense Bedeutung dieser Leistungen liegt gleichwohl nicht so sehr in ihrer quantitativ-geldlichen, sondern in qualitativer Hinsicht, nämlich darin, daß sie, weil sie am Menschen direkt erbracht werden, eine große Wirksamkeit im Hinblick auf die Veränderungen von Lebenslagen haben können.

Soziale Dienstleistungen stellen kein System der sozialen Sicherung für sich dar, sondern sie sind als Leistungskategorie sowohl in den geld- und sachleistenden Systemen wie auch in den rechtverteilenden Systemen enthalten. Die konkrete Tätigkeit des Verteilens von „sozialem Geld", beispielsweise Ausrechnen der Rente, stellt ja selbst eine Dienstleistung dar, die sozialen Fachkräfte sind per definitionem Dienstleistungsgeber. Aber bestimmte Systeme der sozialen Sicherung sind besonders dienstleistungsrelevant: die Krankenversicherung und ihre gesundheitlichen Dienstleistungen, die Jugend- und Sozialhilfe mit ihren Fürsorgeleistungen und die Arbeitsförderung mit ihrer Arbeitsmarktintegration.

Die im Rahmen der Jugend- und Sozialhilfe sowie der Arbeitsförderung häufig von freien Trägern und/oder Selbsthilfegruppen angebotenen „sozialen Dienste" richten sich auch besonders an als sozial schwach angesehene Zielgruppen:

(a) Kinder und Jugendliche (zum Beispiel Kindergärten, Jugendfreizeitstätten);

(b) Familien und Alleinerziehende (zum Beispiel Ehe-, Schwangerschafts-, Familienberatung oder -hilfe);

(c) ältere Menschen (zum Beispiel Beratungsstellen);
(d) Mieter- oder Verbraucherberatung;
(e) Dienste zur (Re-)Integration in den Lohnabhängigkeitsstatus (zum Beispiel für Behinderte, Jugendliche, Dauerarbeitslose, Haftentlassene);
(f) Dienste für Personen in besonderen sozialen Schwierigkeiten (zum Beispiel Obdachlose, vgl. § 72 BSHG/8. Kapitel);
(g) Dienste für Aus- und Übersiedler, Asylbewerber, Flüchtlinge (vgl. hierzu: Bäcker u. a. 1989: 299 f.).

Als soziale Dienstleistungen sollen hier aber auch soziale Leistungen verstanden werden, die, wie etwa die Gesundheits- oder Fortbildungsleistungen nach GKV beziehungsweise AFG, sich nicht unbedingt an „sozial Schwache" richten.

Vom Inhalt her werden soziale Dienstleistungen gewöhnlich als „beraten", „behandeln", „informieren", „kontrollieren", „pflegen" und „organisieren" beschrieben. Es handelt sich um persönliche Dienste, wo – im Gegensatz etwa zu den planenden oder verwaltenden Diensten – die gleichzeitige Präsenz von Produzenten und Konsumenten erforderlich ist. Diese persönlichen Dienstleistungen werden im gleichen Vorgang, wie sie produziert werden, auch konsumiert („uno-actu-Prinzip"). Sie sind als unkörperliche Leistungen schwer technisch rationalisierbar, das heißt: sie sind personal und damit kostenintensiv. soziale Dienstleistungen

„Sozial" ist eine persönliche Dienstleistung, wenn sie nicht über den Markt nachgefragt wird oder werden kann (wie etwa die Dienste des Friseurs), sondern von Einrichtungen angeboten wird, die marktungebunden arbeiten. „Sozial" ist sie also dann beziehungsweise insoweit, wenn beziehungsweise wie sie „soziale" Dienstleistungen
(a) von umverteiltem Geld finanziert wird, gleichgültig in welcher Form das geschieht (Sozialversicherung, Steuern, Spenden), und
(b) die Verbesserung, den Erhalt oder den Schutz von Lebenslagen zum Zweck und Inhalt hat.

Anders als die Geldleistungen, deren Höhe in den meisten Fällen an das individuelle Erwerbseinkommen der Empfänger gekoppelt (Renten, Arbeitslosengeld) oder an Minimalstandards (Sozialhilfe, Wohngeld) orientiert ist, deren Umverteilungsqualität mithin gering ist, gelten die sozialen Dienstleistungen als stark umverteilungsrelevant, da

(a) einige soziale Dienste, wie zum Beispiel die ärztliche Behandlung im Rahmen der GKV, für alle Versicherten und ihre Familienangehörigen gleich und frei sind, obwohl die Konsumenten nicht alle und auch nicht gleiche Beiträge zahlen;

(b) einige Dienste, wie zum Beispiel im Ausbildungssektor, zum Teil ganz bewußt ungleich verstärkt für sozial „Schwache" angeboten werden, um soziale Unterschiede zu mildern (etwa Ausbildungsangebote an arbeitslose Jugendliche);

(c) einige Dienste aber auch umgekehrt soziale Ungleichheiten schaffen oder vergrößern können, wie etwa durch die Benachteiligung von Frauen oder älteren Arbeitern bei der Umschulungsmaßnahme nach dem AFG, das aber von allen (nichtbeamteten) Lohnabhängigen durch Beiträge aufgebracht wird.

*Gründe für die Ausweitung sozialer Dienstleistungen*

Angesichts der strategischen Bedeutung der sozialen Dienstleistungen für das Gelingen aller sozialpolitischen Vorhaben und Programme ist es erstaunlich, daß es in der sozialpolitischen Literatur nur wenig über die Gründe ihrer Ausweitung in den letzten Jahren zu erfahren gibt. Grob gesagt kann man hier drei Argumentationsstränge feststellen:

(a) Im Umkreis der Debatte um die „Neue soziale Frage" beziehungsweise der „Trendwende" 1974/5 und schließlich der „politischen Wende" 1982 ff. wurde/wird die Ausweitung der sozialen Dienste als Teiltendenz in der (politisch nicht gebilligten) Gesamttendenz zu mehr Versorgung, Betreuung und Wegnahme von Selbständigkeit gesehen, – aus Gründen des Verbändeegoismus beziehungsweise des (sozialistischen) staatlichen Allmachtstrebens. Dies wird um so gravierender angesehen, als die „eigentlich Bedürftigen" von der Ausweitung der sozialen Dienste kaum wirklich profitieren.

(b) Im Zusammenhang mit der Forderung nach mehr Lebensqualität der frühen 70er Jahre wird die Zunahme der sozialen Dienstleistungen dagegen als Erfolg angesehen. So wird hier darauf hingewiesen, daß die Sozialpolitik seit Mitte der 60er Jahre verstärkt Tendenzen von einer reagierenden hin zu einer präventiven Funktion hervorgebracht hätte (AFG 1969, Jugendhilfereform(versuch), Vorsorgemaßnahmen im GKV-Bereich). Diese prophylaktischen Leistungen seien nolens volens stark dienstleistungsbetont.

(c) In beiden Argumentationssträngen spielen in unterschiedlichen Bewertungen als Hintergrundüberlegungen die Thesen von der postindustriellen beziehungsweise Dienstleistungsgesellschaft eine Rolle, die aber auch als eigene Erklärungslinie fungiert. Diese Thesen lehnen sich an die Arbeiten von Jean Fourastié (1954/69) und Daniel Bell (1975) an, die im Kern besagen, daß der – „tertiäre" – Dienstleistungssektor in den hoch entwickelten Volkswirtschaften ein immer stärkeres Gewicht erhalten, daß dies geradezu Merkmal und Bedingung des hohen Entwicklungsstandes der dortigen Güterproduktion sei.

In der Sozialforschung ist immer noch nicht geklärt, ob die Zunahme der sozialen Dienstleistungen als Folge der Abnahme privater Dienstleistungen oder umgekehrt die Abnahme privater Dienste als Folge der Zunahme sozialer Dienste zu sehen ist. Die Mehrheit der Autoren tendiert aber zu der Auffassung, daß die Zunahme aufgrund komplexerer und komplizierterer Lebensverhältnisse erfolge, wodurch sich ein erweiterter Bedarf nach Beratung, Behandlung, Betreuung usw. ergebe. Parallel zu den Veränderungen der modernen Lebensverhältnisse in Richtung auf immer mehr „Parzellierung des Alltags" (Lefèbvre 1947) und „Enttraditionalisierung industriegesellschaftlicher Lebensformen" (Beck 1986) erlitten die traditionalen Verwandtschafts- und/oder Familiensysteme Funktionsverluste im Hinblick auf diese Dienste, so daß die sozialen Dienstleistungen diesen Verlust kompensierten (zum Beispiel in der Altenpflege) und gleichzeitig neuen Bedarfen (etwa nach spezielleren Heilmethoden oder Beratungsdiensten) entsprächen. Durch die Erweiterung der sozialen Dienstleistungen werde aber die Tendenz der Abnahme privater Dienste gefördert.

*Verhältnis von privaten zu sozialen Diensten*

Bei einer intensiveren Beschäftigung mit den sozialen Dienstleistungen müßte man sich mit drei Problemkomplexen auseinandersetzen:
(a) mit der (räumlichen) Verteilung von Diensten,
(b) mit ihrer Qualität und
(c) mit ihren Wirkungen.

Verteilung sozialer Dienste
Wenn soziale Dienste stark umverteilend wirken, wirkt sich eine ungleiche räumliche Verteilung benachteiligend aus. Fehlen beispielsweise in einem Stadtquartier Kindergärten und kann man diese Möglichkeit für seine Kinder nicht nutzen, dann kann sich benachteiligend auswirken, daß die einem so nicht zur Verfügung stehenden Sozialisationsgehalte (beispielsweise Sozialverhalten in Gruppen, vorschulische Lern- und Erfahrungsangebote) nicht erreichbar sind.

Um eine gleichmäßige Verteilung sicherzustellen, hat man in den 70er Jahren umfangreiche Planungs- und Forschungsanstrengungen in Richtung auf „Sozialplanung" unternommen. Hier faßt man die Einrichtungen, die soziale Dienstleistungen anbieten, unter dem Begriff „soziale Infrastruktur" zusammen.

Neben dem Aufbau eines Infrastrukturkatasters, wie zum Beispiel in Nordrhein-Westfalen, sind dazu Richtwerte aufgestellt worden, die die Planung gleichmäßig verteilter Infrastruktureinrichtungen ermöglichen soll; dort wird mit sogenannten „Richt- und Sollwerten" als Planungsvorgabe für eine Mindestausstattung gearbeitet (siehe Abbildung 13).

---

*Abbildung 13:* Beispiele für Richtwerte sozialer Infrastruktur

| | |
|---|---|
| Krippenplätze | 25 % der 0- bis unter 3jährigen |
| Kindergartenplätze | 75 % der 3- bis 5jährigen |
| Hortplätze | 50 % der 6- bis 9jährigen |
| pädagogisch betreute Spielplätze | 10 Plätze auf 10 000 Einwohner mit 4 000 qm |
| Jugendfreizeitheime | 10 Plätze auf 1 000 Einwohner |
| nachgehende Krankenfürsorge | 1 Sozialarbeiter je 300 Fälle |
| Hallenbäder | 0,005 qm Wasserfläche pro Einwohner |
| öffentliche Grünanlagen | 13 qm pro Einwohner |
| Büchereien | 2 Bände je Einwohner. |

Quelle: Regierender Bürgermeister von Berlin (Hrsg.): Ausstattungsvergleich der Bezirke mit sozialer Infrastruktur. Berlin 1977: 22ff.

Abgesehen davon, daß sich bestimmte Ausstattungsstandards kaum sinnvoll in Richtwerten ausdrücken lassen (vgl. Bibliotheken-Richtwert), besteht das Problem, daß auch die Erfüllung der Richtwerte nicht unbedingt die gleiche Versorgung mit sozialen Diensten sicherstellen muß: Wenn in einem Stadtteil besonders viele erwerbstätige Mütter leben, können auch bei Erfüllung der Hortrichtwerte höchst unbefriedigende Zustände herrschen, weil viele Bewerber um einen Hortplatz abgewiesen werden müssen.

Die sich seit Mitte der 70er Jahre und besonders seit der „politischen Wende" in Bonn auswirkende Knappheit öffentlicher Mittel hat die Erreichung dieser oder ähnlicher Richtwerte zur Ausstattung von Regionen oder Städten mit sozialer Infrastruktur faktisch längst obsolet gemacht. In der sozialpolitischen Praxis geht es heute vielmehr den Betroffenen darum, für den Erhalt der bestehenden Einrichtungen einzutreten (zum Beispiel Beratungsstellen oder wohnnahe Krankenhäuser).

Zum Verteilungs-Ist-Stand hat die einschlägige Forschung folgende Befunde erbracht:

(a) Großes Stadt-Land-Gefälle;
(b) Gefälle zwischen Städten oder Stadtteilen mit Arbeiter- und Beamten- beziehungsweise Selbständigenbevölkerung: Arbeiterstädte sind vor allem in den Bereichen Altenheime, Jugend-/Freizeiteinrichtungen, Kindergärten und Bildungsstätten relativ unterversorgt;
(c) vor allem bei „sozial schwachen" Bevölkerungsteilen ist entscheidend, daß die Einrichtungen wohnungsnah sind, damit sie angenommen werden.

Auch bei gleicher beziehungsweise situationsgerechter Verteilung von sozialen Diensten müssen die sozialen Probleme, um derentwillen sie eingerichtet werden, nicht verschwinden oder geringer werden. Ob oder inwieweit dies der Fall ist, hängt davon ab, von welcher Qualität die Dienstleistungen sind. Über Erfolg und damit über die Qualität sozialer Dienstleistungen ist immer noch so gut wie nichts bekannt; die soziologische Wirkungsforschung der Sozialpolitik steckt noch in den Anfängen. In der wissenschaftlichen Beschäftigung mit diesem Thema ist aber unstreitig, daß der Erfolg einer sozialen Dienstleistung davon abhängig ist, daß mehrere der nachfolgenden Voraussetzungen erfüllt sind:
(1) Zunächst muß der „Bedürftige" in der Regel die sozialen Dienste selbst nachfragen (Ausnahme: Beratungszwang beim Arbeitsamt und

bei Schwangerschafts-/Konfliktberatung nach § 218 StGB). Man muß sich also nicht nur selbst zur dienstleistungsgebenden Stelle hinbemühen, die „Konsumenten" der Dienstleistungen müssen „selbst zur Bewältigung ihrer Probleme beitragen" (Badura/Gross 1976: 365f.), indem sie rechtzeitig und weitsichtig ihre Probleme/Bedürfnisse definieren (zum Beispiel im Krankheitsfall, in der Freizeit). „Sie müssen motiviert und geschickt sein bei der Inanspruchnahme vorhandener Dienstleistungen ... und müssen sich therapiegerecht verhalten." (ebd.)

(2) Damit hängt die Effizienz sozialer Dienstleistungen in hohem Maße vom sozialen Handeln der „Konsumenten" ab. Da die genannten sozialen Fähigkeiten bei „sozial Schwachen" weniger ausgeprägt sind, muß man annehmen, daß auch bei bester quantitativer Versorgung mit Diensten ihre Qualität so lange gering ist, wie die sozialen Kompetenzen der Klienten den Voraussetzungen nicht entsprechen. Das Problem besteht also darin, daß sich die Produzenten oder die Produktionsstätten sozialer Dienste zu wenig an den „Konsumenten" der Dienste orientieren beziehungsweise die Klienten zu häufig sich an die Strukturen und Bedingungen der Dienste anpassen (beispielsweise im Hinblick auf Sprache, Test- oder Beratungsrituale). Diese Anpassung wird um so größer sein, je mehr sich die sozialen Dienste vom „Konsumenten" entfernen, je größer also die soziale Distanz zwischen beiden ist und je allgemeiner die Tendenz zur Verrechtlichung, Ökonomisierung, Bürokratisierung, Schematisierung, Zentralisierung und Expertokratisierung der Sozialpolitik ist.

Wirkungen Über Wirkungen sozialer Dienstleistungen gibt es seit Mitte/Ende der 70er Jahre, als der sozialpolitische Reformschwung zum Ende kam, eine breite Diskussion. Diskutiert werden hier weniger die Wirkungen von Leistungen im Hinblick auf die vorgegebenen Ressourcen beziehungsweise Ziele („impacts"), sondern Wirkungen im Sinne von „Auswirkungen" auf die allgemeinen Lebenslagen der Betroffenen. Konservative (Schelsky 1978) wie linke Diskutanten (Illich 1979) scheinen sich darin einig, daß das Mehr an sozialen Diensten die Fähigkeit zur Selbstwahrnehmung und eigenen Abhilfe von sozialen Problemen gemindert sowie die Tendenzen zur Entmündigung verstärkt habe.

## Soziale Dienstleistungen

Diese Entmündigungsthese hat der Amerikaner John McKnight (1979) wohl am drastischsten formuliert. Danach ist der Dienstleistungskunde nur ein „unverzichtbarer Rohstoff" der Dienstleistungsbetriebe, die in erster Linie daran interessiert seien, die Bedürfnisse der Dienstleistenden (etwa Ärzte, Lehrer, soziale Arbeiter) zu befriedigen. Diese (er)fänden auch stets neue soziale Bedürfnisse, die dann wieder durch ein Mehr an sozialen Dienstleistungen befriedigt werden müßten. So werde ein Zustand der „bedienten Gesellschaft" immer manifester.

Diese Mehr- beziehungsweise Überproduktion von sozialen Diensten habe auch zur Folge, daß sie selbst neue soziale Probleme beziehungsweise Risiken (beispielsweise Hospitalismus, Anstaltswahnsinn) produzierten oder daß sie „kontraproduktiv" (Illich) seien (zum Beispiel Verkrankung durch das Medizinsystem). Diese so hergestellten sozialen Probleme würden dann vom sozialen Dienstleistungssystem unter den gleichen Auspizien „bearbeitet"; so würden Meta-Probleme produziert.

Die Entmündigung der Dienstleistungskonsumenten werde systematisch dadurch geschaffen, daß die Produzenten sie
(a) in eine Problemrolle drängten („Bedürfnis wird Mangel") und sie sich die exklusive Kompetenz zur Abhilfe anmaßten;
(b) durch Codierung des betreffenden Problems von der Definition des Problems ausschlössen (Undurchschaubarkeit); und
(c) sie von der Abhilfe- beziehungsweise Erfolgsdefinition eines Problems ausschlössen.

In dieser Kritik der sozialen Dienstleistungen, die auch im Umkreis der Alternativ- beziehungsweise der neuen sozialen Bewegungen vorgetragen wird (vgl. Huber 1979), kommt zum Ausdruck, daß wohl bei sehr vielen Dienstleistungen die Kommunikation zwischen Produzenten und Konsumenten gänzlich einseitig praktiziert wird, so daß die „Konsumenten" eben eher „Betroffene" als „Teilnehmer" sind.

Die Problemeinsicht der Politiker in diese Zusammenhänge ist immer noch sehr begrenzt. Es werden allenfalls sehr allgemeine Strategien angeboten, die im übrigen in das jeweilige Gesamt-Sozialpolitikkonzept passen: *Abhilfe-Strategien*

Konkret kommen aus dem konservativen „Sozialpolitik-Lager" Vorschläge und mittlerweile auch Verstöße zur „Entstaatlichung" von Diensten, auch sozialer Dienstleistungen, und zur Reindividualisierung sozialer Leistungen (beispielsweise Vorschläge der Ärzteverbände zur Selbstbeteiligung). Liberale Positionen (wie etwa Ralf Dahrendorf) fordern „mehr Markt", das heißt Privatisierung und Koppelung der Dienstleistungen an das Einkommen der Empfänger und „Dezentralisierung (Bürgernähe)". Sozialdemokraten (wie Herbert Ehrenberg/Anke Fuchs) sehen die wichtigsten Aufgaben in der Herstellung von besserer Verteilung, mehr Bürgernähe und mehr Bürgerfreundlichkeit; auch gelte es, den Tatbestand der Nichtinanspruchnahme sozialer Dienstleistungen nicht aus dem Auge zu verlieren. Der radikalste Vorschlag kommt aus der Alternativbewegung: Man solle durch eine Art „Systembegrenzung" den Zuwachs der vom Staat verteilten Geldmassen des Sozialprodukts unterbinden und für mehr Primärverteilung kämpfen (Gewerkschaften). Gleichzeitig sollten die Selbsthilfe-Einrichtungen als alternative, das heißt als aktivierende statt entmündigende soziale Dienstleistungen ausgebaut werden.

Bedingt durch die sozialpolitischen Restriktionen der 80er Jahre („Sozialabbau") und den Aufschwung der Selbsthilfebewegung ist die wissenschaftliche und erst recht die sozialpolitische Auseinandersetzung mit qualitativen Aspekten (Inhalt, Wirkungen) der sozialen Dienstleistungen in den Hintergrund getreten. Nur die Aktionen von Krankenhaus- und Heimpersonal zum „Pflegenotstand" nach 1988 haben außer auf den Personalmangel auf Probleme bei Pflegebedürftigen hingewiesen, wenn die Dienste nicht oder qualitativ unzureichend erbracht werden.

In der Berufs- und Fachdiskussion der sozialen Arbeit spielen diese qualitativen Aspekte der sozialen Dienste im Blick auf das professionelle Profil der sozialen Arbeiter/innen allerdings nach wie vor eine zentrale Rolle. Um wirksame Hilfe leisten zu können, komme es nicht nur darauf an, Theorie- und Handlungswissen anzuwenden, sondern auch darauf, die selbstreflexiven Kompetenzen (Selbstkontrolle) und das methodische Fremdverstehen auszubilden (vgl. zum Beispiel Müller 1985).

**Diskussion**

- Soziale Dienstleistungen sind personalintensiv und werden besonders von freien Trägern der Wohlfahrtspflege angeboten (vgl. 8. Kapitel). Welche Gründe hat dies?
- Welchen Nutzen und Nachteile haben Richtwerte zur Ausstattung der sozialen Infrastruktur?
- Warum besteht bei sozialen Arbeiter/innen die Gefahr, daß ihre Dienstleistungen entmündigend wirken?

## 10. Kapitel
## Soziale Rechte –
## Schutz und Mitbestimmung für die Schwachen?

Die sozialpolitischen Schutzrechte sind älter als die Mitbestimmungsrechte (vgl. 3. Kapitel).

Als Regelung des Normalarbeitstags (Englische Fabrikgesetzgebung 1822 bis 1833: 12-Stunden-Arbeitstag für Jugendliche bis 18 Jahren, 8-Stunden-Tag für Kinder von 9 bis 13 Jahren u. a.) und Verbot der Kinderarbeit (Moral und Health Act, England 1802; Preußisches Regulativ von 1839) wird ihre Gewährung heute als Beginn der sozialpolitischen Tätigkeit der Staaten der Neuzeit angesehen.

Die Schutzrechte gelten inzwischen als voll ausgebaut und für jede Lebenslage angemessen. So gibt es als „Schutz des Schwächeren" (von Hippel 1982) heute Arbeitsrechtsbestimmungen, Schutzrechte für Mieter, Kinder, Jugendliche, Frauen, alte Menschen, Behinderte, Arme oder Verbraucher.

In der sozialpolitischen Diskussion und Literatur werden Schutzrechte von Kindern gegenüber ihren Eltern (zum Beispiel Mißhandlungsverbot nach § 1631 (2) BGB), Verbraucherschutz oder Rechte von Frauen gegenüber ihren Ehemännern nicht als „soziale" Schutzrechte angesehen.

„soziale" Schutzrechte  Als „soziale" Schutzrechte fungieren lediglich die Schutzrechte für:
(a) Kinder und Jugendliche (Arbeitsschutz und Schutz in der Öffentlichkeit);
(b) Lohnabhängige;
(c) Mieter/innen;
(d) Frauen und Mütter;
(e) Behinderte (Arbeitsschutz);
(f) erwachsene Heimbewohner/innen.

Es handelt sich – mit Ausnahme der Heimbewohner- und Mieterrechte – um Schutzmaßnahmen für „Schwache" in ihrer Funktion als lohnabhängig Beschäftigte. Das „Soziale" wird demnach – unausgesprochen – definiert als „Ungeschütztsein als Lohnabhängiger". Vergleichsweise ebenso schutzwürdige Tatbestände wie etwa Kinderrechte gegenüber Lehrern oder Eltern werden (deshalb) nicht als „soziale", sondern als „bürgerliche Rechte" definiert und – wenn überhaupt – gewährt.

Der soziale *Kinder- und Jugendarbeitsschutz* umfaßt – laut Jugendarbeitsschutzgesetz (1960) 1976 (BGBl I, S. 765) – im wesentlichen: Jugendarbeitsschutz
(1) Das Verbot von Kinderarbeit, außer in besonderen Ausnahmefällen (zum Beispiel Theater oder in der Landwirtschaft) bis zum 15. Lebensjahr;
(2) die Beschränkung der Beschäftigung auf 35 Stunden pro Woche beziehungsweise 7 Stunden pro Tag vom 14. Lebensjahr an, wenn keine Schulpflicht besteht, und vom 15. Lebensjahr an auf 40 Stunden pro Woche beziehungsweise 8 Stunden pro Tag (Ausnahmeregelungen für Landwirtschaft in der Erntezeit);
(3) das Arbeitsverbot von Jugendlichen zwischen 20.00 und 6.00 Uhr sowie an Samstagen und Sonntagen (Ausnahmen sind möglich);
(4) besondere Arbeitspausen (bei mehr als 4 1/2 Stunden Arbeitszeit eine Pause) und Urlaub (30 Werktage unter 16 Jahren, 27 Werktage unter 17 Jahren und 25 Werktage unter 18 Jahren);
(5) die Pflicht zur ärztlichen Untersuchung von Jugendlichen;
(6) die Pflicht zur Freistellung von Arbeit an den Berufsschultagen.

Der *Jugendschutz* (Gesetz zum Schutze der Jugend in der Öffentlichkeit [1951] 1985 – BGBl I, S. 425) als Vorsorge vor außerbetrieblichen und außerfamilialen Gefahren enthält folgende Bestimmungen: Jugendschutz
(1) Jugendliche dürfen abends erst vom 16. Lebensjahr an in Gaststätten bis 24 Uhr (ohne Begleitung von Erziehungsberechtigten) verweilen;
(2) alkoholische Getränke dürfen von Personen unter 16 Jahren in der Öffentlichkeit nicht konsumiert werden, Branntwein darf an Personen unter 18 Jahren darf nicht verkauft werden;
(3) bestimmte, als jugendgefährdend angesehene Produkte können durch ein Indizierungsverfahren (Antragsteller: Landesjugendbehörden, Jugendämter, Bundesarbeitsminister) von jugendlichen Käufern/Benutzern ferngehalten werden (Gesetz über die Verbreitung jugendgefährdender Schriften [1953] 1985 – BGBl I, S. 1502).

Beide Gesetze zum Jugendschutz, das Gesetz zum Schutz der Jugend in der Öffentlichkeit und das Gesetz über die Verbreitung jugendgefährdender Schriften verstehen sich als Erziehungsgesetze. Sie sollen Jugendliche von als Gefahren definierten Umständen (zum Beispiel pornographische Literatur) weghalten („positiver Jugendschutz") und es möglich machen, Personen zu bestrafen, die etwa als Buchhändler oder Gastwirte diese gesetzlichen Bestimmungen mißachten („negativer Jugendschutz").

Frauen- und Mutterschutz  Der *Frauen- und Mutterschutz* bezieht sich ausschließlich auf die erwerbstätigen Frauen:
(1) Die weiblichen Beschäftigten sind gemäß § 16 Arbeitszeitordnung (1938) vor Tätigkeit im Bergbau, in Kokereien und Stahlwerken sowie vor Schwerarbeit im Baugewerbe und vor Nachtarbeit (20.00 bis 6.00 Uhr) geschützt; ihnen werden zudem besondere Pausen zugestanden (mindestens 20 Minuten bei einer Arbeitszeit von mehr als 4 1/2 Stunden);
(2) der Mutterschutz (Mutterschutzgesetz [1952] 1974 – BGBl I, S. 469) umfaßt ein Beschäftigungsverbot (6 Wochen vor bis 8 Wochen nach der Entbindung) bei gleichzeitigem Kündigungsschutz (während der Schwangerschaft und bis 4 Monate nach der Entbindung) sowie das Recht auf die Einräumung von Stillzeiten;
(3) der Mutterschaftsurlaub (Gesetz zur Einführung des Mutterschaftsurlaubs 1979 – BGBl. I, S. 797) wird die ersten 6 Monate nach der Geburt gewährt (Kündigungsschutz), wenn die Beschäftigte in den letzten 12 Monaten vor der Entbindung mindestens 9 Monate beschäftigt war oder Leistungen nach dem AFG erhalten hat. Die Mutter erhält ein Mutterschaftsgeld (vgl. 6. Kapitel).

Arbeitsschutzrechte  Am umfangreichsten sind die *schutzrechtlichen Bestimmungen für Arbeiter und Angestellte*. Sie betreffen den Arbeits-, Lohn- und Kündigungsschutz sowie den Schutz tariflicher Abmachungen. Der Kündigungsschutz für Arbeiter und Angestellte ist verschieden (§ 622 BGB; Angestelltenkündigungsgesetz 1926 – BGBl I 1985, S. 710; Kündigungsschutzgesetz 1951, 1978 in der Fassung von 1969 – BGBl I, S. 1317); er ist für die Angestellten besser und somit deren Risiko, arbeitslos zu werden, generell geringer als für Arbeiter. Für beide Gruppen ist die Stärke des Kündigungsschutzes an das Lebensalter und die Länge der Betriebszugehörigkeit gekoppelt, was insgesamt

Soziale Rechte

wohl eher die Beschäftigten in Großbetrieben begünstigt, deren Beschäftigungsrisiken eher kleiner sind als bei Beschäftigten in Kleinbetrieben:
(1) Für Arbeiter beträgt der Kündigungsschutz unter 40 Lebensjahren 2 Wochen. Nach dem 40. Lebensjahr und nach einer Betriebszugehörigkeit beträgt die Kündigungsfrist 1 Monat, nach 10 Jahren 2 Monate zum Monatsende und nach 20 Jahren 3 Monate zum Quartalsende;
(2) für Angestellte beträgt die Kündigungsfrist 6 Wochen zum Quartalsende; bei einer Betriebszugehörigkeit von mindestens 5 Jahren beträgt die Frist 3 Monate, bei mindestens 8 Jahren 4 Monate, bei 10 Jahren 5 Monate und bei 12 Jahren 6 Monate zum Quartalsende;
(3) die Betriebsräte sind zur Kündigung zu hören; sie selber unterliegen besonderen Schutzbestimmungen;
(4) der Lohnschutz, der zu den ältesten Schutzrechten für Lohnabhängige zählt, umfaßt den Schutz zur bargeldlosen Auszahlung (Truckverbot − § 115 Gewerbeordnung 1869 ff.; vgl. unten, Ziffer (5) und in Gaststätten, den Schutz vor Pfändung (Freigrenzen etwa in Höhe des Sozialhilfeniveaus plus durchschnittliche Miete; vgl. § 850 Zivilprozeßordnung) und im Konkursfalle (Konkursausfallgeld, seit 1974; vgl. 6. Kapitel);
(5) die Betriebs- beziehungsweise Arbeitsplatzsicherheitsmaßnahmen (§ 120 Gewerbeordnung 1869 ff. in der Fassung von 1987 − BGBl I, S. 425) enthält Vorschriften für Unternehmer, Arbeitsräume und Geräte in solchem Zustand zur Verfügung zu stellen, daß die Beschäftigten, soweit wie möglich, vor Gefahren an Gesundheit und Leben geschützt sind. Dazu gehören ausreichendes Licht, Beseitigung von Staub, Dünsten, Gasen oder Abfällen, Luftaustausch usw. Hinzu kommen die 1974 erlassenen Lärmschutzrichtlinien. Ferner müssen als „Einrichtungen zur Aufrechterhaltung von Sitte und Anstand", nach Möglichkeit geschlechtsgetrennte Arbeits-, Umkleide-, Wasch- und Toilettenräume zur Verfügung gestellt werden.
Außerdem gewähren spezielle Betriebsschutzmaßnahmen Jugendlichen und Frauen Arbeitsschutz im Winter im Freien, für Arbeiten mit gesundheitsschädlichen Stoffen, oder bestimmte Regelungen, wie etwa die Verordnung über gefährliche Stoffe (1986), legen für Arbeiten mit explosionsgefährlichen beziehungsweise brennbaren oder

giftig-ätzenden Stoffen besondere Schutzmaßnahmen fest. Maßnahmen, wie das Arbeitsssicherheitsgesetz (1973 – BGBl I, S. 1885) oder die Arbeitsstättenverordnung (1975 – BGBl I, S. 729), legen die personellen Zuständigkeiten für Betriebssicherheit (Unternehmer, Betriebsräte, Betriebsärzte, Fachkräfte) fest und formulieren die sicherheitsrelevanten Standards für Gebäude, Räume und Wege innerhalb der Betriebe, Beschaffenheit der Arbeitspausen, Anforderungen an Bereitschafts- und Sanitätsräume).

Ferner umfassen die nach dem Unfallsicherungsgesetz (§ 708 RVO) zu erlassenden Unfallverhütungsvorschriften der Berufsgenossenschaft (vgl. 6. Kapitel) weitere Schutzmaßnahmen;

(6) der Heimarbeiterschutz (1951 – BGBl I, S. 191) geht von einer besonderen sozialen Schwäche der insgesamt rund 150000 Betroffenen, zu 90 % Frauen, aus (Isolierung). Er umfaßt neben der Anzeigepflicht für die Vergabe von Heimarbeit (Landesarbeitsminister oder Beauftragter) im wesentlichen den Schutz zur unkontrollierten Beschäftigung von Familienmitgliedern, vor Beeinträchtigung des Wohnraums durch die Arbeit mit Lärm oder Gerüchen, vor Umgehen der allgemeinen Arbeitsschutz- beziehungsweise Unfallschutzbestimmungen.

(7) der Schwerbehindertenschutz (1923/1953/1974, in der Fassung von 1986 – BGBl I, S. 1421) soll einerseits eine Integration von Schwerbehinderten (mindestens 50 % in ihrer Erwerbsfähigkeit geminderte Personen – rund 1 Mio Beschäftigte) in das Erwerbsleben sichern und andererseits ihnen dort besonderen Schutz zuteil werden lassen:

(a) Verpflichtungen für Betriebe, mindestens 6 % ihrer Arbeitsplätze mit Schwerbehinderten zu besetzen oder eine „Ausgleichszahlung" für jeden nichtbesetzten Arbeitsplatz von 100,– DM monatlich zu zahlen (soll zur Finanzierung von Rehabilitationsaufgaben verwendet werden); von den rund 1,2 Mio zu besetzenden Arbeitsplätzen sind zur Zeit etwa 0,2 Mio nicht besetzt;

(b) Zusatzurlaub von 6 Arbeitstagen pro Jahr;

(c) Kündigung nur mit Zustimmung der entsprechenden Hauptfürsorgestelle (Widerspruch dort mit aufschiebender Wirkung); Kündigungsfrist: mindestens 4 Wochen;

(d) „Vertrauensmann" bei mindestens 5 Schwerbehinderten im Betrieb.

Für *Mieter* (rund 2/3 aller Haushalte) gibt es folgenden *Kündigungsschutz:*

(1) Die Kündigungsfrist beträgt (§ 565 Absatz 2 BGB) bei einer Mietdauer bis 5 Jahre 3 Monate, bei einer Mietdauer bis 8 Jahre 6 Monate, bei einer Mietdauer bis 10 Jahre 9 Monate und einer Mietdauer von über 10 Jahren 12 Monate.

Kündigungsschutz für Mieter

Der Vermieter muß im Kündigungsfall ein berechtigtes Interesse an der Kündigung nachweisen (Vertragsverletzung des Mieters, Eigenbedarf oder Eigenverwertung). Gegen diese Kündigungen kann die sogenannte Härteklausel (§ 556a BGB) in Anspruch genommen werden (wenn keine zumutbare Ersatzwohnung gefunden werden kann, bei hohem Alter, Schwangerschaft, Gebrechlichkeit, große Kinderzahl u. ä.), so daß die Kündigung unwirksam wird.

Der Mieterschutz gilt als extrem stark, was zu Klagen der Hausbesitzer über sinkende Rendite von Mietwohnungen führte (lange Verweildauer von Mietern, begrenzte Mieterhöhungen aufgrund des Gesetzes zur Regelung der Miethöhe 1974). Dies wiederum veranlaßte den Gesetzgeber, von 1983 an, die Härteklauseln bei befristeten Mietverträgen (bis 5 Jahre) zu lockern (§ 564c BGB) und Mieterhöhungen für länger als 5 Jahre benutzte Wohnungen leichter durchsetzbar zu machen (vgl. § 2 des Gesetzes zur Regelung der Miethöhe).

Das *Heimgesetz* schließlich (1974 – BGBl I, S. 1873) stellt einen Schutz für Bewohner/innen in Altenheimen, Altenwohnheimen, Pflegeheimen oder ähnlichen Einrichtungen dar. Es bestimmt im wesentlichen, daß

Heimgesetz

(a) Träger dieser Einrichtungen bei den zuständigen Behörden eine Betriebserlaubnis beantragen und bei Einrichtung und Unterhalt eines Heimes bestimmte bauliche und Ausstattungsmindestanforderungen einhalten müssen;

(b) mit den Bewohner/innen ein Heimvertrag abgeschlossen werden muß (Stärkung der Position der Heimbewohner/innen durch eine Gesetzesnovelle 1990);

(c) sich der Träger bei Heimbewohner/innen keinen Vermögensvorteil (zum Beispiel aus möglichen Erbschaften) verschaffen dürfen;

Soziale Rechte

(d) die Bewohner/innen das Recht haben, einen Heimbeirat zu wählen, der an der Gestaltung der Heimabläufe (zum Beispiel Erstellung der Hausordnung) mitwirken darf.

Mitbestimmungsrechte Anders als bei den Schutzrechten sind die *Mitbestimmungsrechte* – historisch gesehen – den Arbeitern nicht als den Schwachen, sondern als den von der Beteiligung in Politik und Gesellschaft weitgehend Ausgeschlossenen gewährt worden.

Die Möglichkeit zur fakultativen Bildung von Arbeiterausschüssen nach der Novelle der Gewerbeordnung 1891 wurde in einem entsprechenden Erlaß Wilhelm II. damit begründet, daß dies der „Pflege des Friedens zwischen Arbeitgebern und Arbeitnehmern" dienen könnte. Das 1916 erlassene Gesetz über den Vaterländischen Hilfsdienst (Verpflichtung von nicht wehrdienstpflichtigen Männern zur kriegsrelevanten Produktion und Versorgung), das für kriegs- und versorgungswichtige Betriebe mit mehr als 50 Beschäftigten die obligatorische Einrichtung von Arbeiterausschüssen vorsah, kann man als Preis für die kriegsloyale Haltung der Arbeiterorganisationen ansehen.
Das 1920 verabschiedete Betriebsrätegesetz baute diese Rechte, eine betriebliche Vertretung der Lohnabhängigen wählen zu können, aus (Betriebsräte in allen Unternehmen mit mindestens 20 Beschäftigten, Betriebsobmann in Betrieben mit mehr als 5 Beschäftigten). Die Betriebsräte hatten im wesentlichen Beratungs- und Informationsrechte, zum Beispiel im Falle von Entlassungen. Durch ein Ergänzungsgesetz (1922) war es möglich, ein oder zwei Betriebsratsmitglieder in den Aufsichtsrat des Unternehmens zu entsenden.
Das Betriebsrätegesetz von 1920 war sicher nicht so sehr eine Maßnahme zum Schutz der Schwachen, sondern – politisch – zunächst ein Zugeständnis oder „Abfangunternehmen" gegenüber radikalen Forderungen in Teilen der Arbeiterbewegung nach einer Rätedemokratie. Gemäßigtere Teile sahen hierin den ersten Schritt zur Verwirklichung der „Wirtschaftsdemokratie", die nach sozialdemokratischer und gewerkschaftlicher Ansicht neben der Verwirklichung der politischen Demokratie zur Erreichung des demokratischen Sozialismus realisiert werden müßte.
Daß es hierzu, infolge des Widerstandes im bürgerlichen Lager sowie Uneinheitlichkeit der Arbeiterbewegung nicht gekommen ist und die in der Weimarer Republik erreichte Mitbestimmung 1934 durch das Gesetz zur Ordnung der Arbeit zugunsten des Führungsprinzips (Beschäftigte als „Gefolgschaft", „Vertrauensrat" statt Betriebsrat) beseitigt wurde, hat vor allem die SPD nach 1949 mit dazu angespornt, sich jetzt für eine erweiterte Mitbestimmung einzusetzen.

## Soziale Rechte

Das 1952 verabschiedete *Betriebsverfassungsgesetz* (BGBl I, S. 681) wurde von SPD und Gewerkschaften abgelehnt, weil es zum einen den öffentlichen Dienst ausklammerte (Bundespersonalvertretungsgesetz und nachfolgend entsprechende Gesetze auf Länderebene, 1955) und zum anderen die Rechte der Betriebsräte ihnen nicht weit genug gingen. Die Novellierung des Gesetzes 1972 (BGBl I, S. 13) brachte zwar keine Vereinheitlichung von öffentlichem Dienst und gewerblicher Wirtschaft (Novelle des Bundespersonalvertretungsgesetzes, 1974), aber doch erweiterte Mitbestimmungsrechte:

Mitbestimmung nach Betriebsverfassungsgesetz

(1) In Betrieben mit mindestens 5 Beschäftigten ist ein Betriebsrat zu wählen, dessen Mitglieder besonderem Kündigungsschutz unterliegen. Bei einer Zahl von Beschäftigten zwischen 5 und 20 Wahlberechtigten besteht der Betriebsrat aus 1 Person; bei 21 bis 50 Wahlberechtigten gehören dem Betriebsrat 3, bei bis zu 150 Wahlberechtigten 5 Personen an. In größeren Betrieben steigt die Zahl der Betriebsratsmitglieder entsprechend (Angestellte und Arbeiter müssen in Betriebsräten proportional vertreten sein). Der Betriebsrat (öffentlicher Dienst: Personalrat) unterliegt der Kooperations- („vertrauensvolle Zusammenarbeit") und Friedenspflicht (Verbot, sich am Arbeitskampf zu beteiligen) gegenüber dem Unternehmen.

Die kontrollierte Mitbestimmung bezieht sich auf soziale, personelle und wirtschaftliche Angelegenheiten. Als Grundregel gilt: je weniger die Angelegenheit mit der unternehmerischen Dispositionsfreiheit zu tun hat, desto ausgebauter die Mitbestimmungsrechte und umgekehrt.

(2) In sozialen Angelegenheiten ist demnach das Mitwirkungsrecht des Betriebsrates am größten (zum Beispiel bei Festlegung der täglichen Arbeitszeit, Pausen, Verwaltung der sozialen Betriebseinrichtungen, Entlohnungsgrundsätze). In Personalangelegenheiten hat der Betriebsrat (in Betrieben mit mehr als 20 Beschäftigten) Anhörungsrecht und – beispielsweise bei Kündigungen – Zustimmungsrecht. In wirtschaftlichen Angelegenheiten kann er (in Betrieben mit mehr als 1000 Beschäftigten) einen Wirtschaftsausschuß einsetzen, dem ein Informationsrecht zusteht. Ferner besteht Unterrichtungspflicht gegenüber dem Betriebsrat bei Produktionsänderung, -stillegungen u. ä. und Kooperationspflicht bei der Ausarbeitung von Sozialplä-

nen. In Betrieben mit zwischen 500 und 2000 Beschäftigten) können die Beschäftigten 1/3 des Aufsichtsrats besetzen.
Neben dieser betrieblichen Mitbestimmung gibt es seit dem Krieg in der Bundesrepublik Deutschland die sogenannte „Mitbestimmung in Unternehmen", die eine Beteiligung von Beschäftigten in Kapitalgesellschaften in den für die Politik der Unternehmen wichtigen Aufsichtsräte und Vorstände gewährleisten sollen. Diese Mitbestimmungsrechte greifen also in das Dispositionsrecht der Unternehmer ein. Ihre Verwirklichung war hauptsächlich von gewerkschaftlicher Seite seit den 20er Jahren gefordert worden („Wirtschaftsdemokratie").

Auch in der *Unternehmensmitbestimmung* gibt es keine Politik aus einem Guß, da hier zwei Modelle nebeneinander bestehen: die sogenannte „Montanmitbestimmung" (1951) und die Regelung nach dem Mitbestimmungsgesetz" von 1976.

Montanmitbestimmung

Die Montanmitbestimmung wurde erstmals 1947 – vor allem in der britischen Besatzungszone – durch alliiertes Gesetz sichergestellt, um auch hierdurch einen Beitrag zur Entmachtung der in das NS-System integrierten Schwerindustriellen zu leisten. Sie wurde 1951, nachdem die Adenauer-Regierung diese Regelung zunächst abbauen wollte und die Gewerkschaften sehr massiv mit Kampfaktionen gedroht hatten, in ein Bundesgesetz umgewandelt (BGBl I, S. 347).

Die *Montanmitbestimmung* kennzeichnen folgende Merkmale:
(1) Sie gilt für alle Betriebe mit mehr als 1000 Beschäftigten, die überwiegend im Montanbereich tätig sind (heute nur noch ein größeres Unternehmen: Salzgitter AG), oder für Betriebe mit 2000 Beschäftigten und 20% Umsatz im Montanbereich/Mitbestimmungsergänzungsgesetz 1956, das aber weniger Gewerkschaftseinfluß bei der Besetzung der Arbeitnehmerposten im Aufsichtsrat vorsieht);
(2) sie kennt die volle Parität von Beschäftigten und Unternehmervertretern im Aufsichtsrat (plus 1 neutrales Mitglied, auf das sich beide Seiten einigen müssen;
(3) sie ist durch das Vorschlagsrecht der Gewerkschaften und des Betriebsrates für die Wahl der Arbeitnehmervertreter sehr gewerkschaftsorientiert (vgl. Dokumentation 12, S. 133f.).

Dagegen ist die *Mitbestimmungsregelung von 1976* (BGBl I, S. 1153) nicht so weitgehend. Die in der SPD und den Gewerkschaften seit langem erhobene Forderung nach paritätischer Mitbestimmung in den anderen Wirtschaftsbereichen konnte aufgrund des Widerstandes der FDP innerhalb der sozialliberalen Koalition nicht realisiert werden.

*Mitbestimmung nach den Regelungen von 1976*

Die 1976er Mitbestimmung kennzeichnen folgende „Eckdaten":
(1) Sie gilt für alle Betriebe, die in der Regel mehr als 2000 Beschäftigte haben;
(2) sie kennt zwar optisch die volle Parität, schafft aber durch die bindende Vorschrift, daß mindestens 1 leitender Angestellter der Arbeitnehmerseite angehören muß, faktisch ein Ungleichgewicht zugunsten der Unternehmerseite;
(3) sie drängt den Einfluß der Gewerkschaften auf die Wahl der Arbeitnehmervertreter dadurch zurück, daß die Gewerkschaften nur noch 1/3 dieser Vertreter entsenden dürfen; den Rest wählt ein Wahlmännergremium, das von der Belegschaft gewählt wird (vgl. Dokumentation 12, S. 133f.).

Zweifellos wird durch die Mitbestimmung der Einfluß der Beschäftigten gestärkt. Aber eine gleichberechtigte Vertretung wird nicht erreicht, da sich die Unternehmensleitung in einer Kampfabstimmung im Aufsichtsrat durchsetzen kann. Die Beurteilung der erreichten Mitbestimmung ist daher in Literatur und Politik sehr kontrovers. Sie reicht von scharfer Ablehnung im Unternehmerlager über Zustimmung bei den Regierungsparteien bis zur ebenso scharfen Ablehnung im linken Lager. Zusammengefaßt kann man aus der Sicht der Gegner beziehungsweise der Befürworter die diversen Beurteilungen auf folgende Punkte bringen: Die Mitbestimmung bedeutet Aushöhlung der Unternehmerrechte, teuren sozialen Ballast, Verwirklichung von sozialer Partnerschaft, Möglichkeit zur Artikulation von Arbeitnehmerinteressen (Politikfunktion), Existenz eines sozialen Frühwarnsystems und eines Filters, Bestechung und Spaltung der Arbeitnehmer (Funktionärspfründe) und Betrug (Vorspiegeln von Mitbestimmungsmöglichkeiten).

Soziale Rechte

**Diskussion**

● Warum werden nicht alle Schwachen (zum Beispiel Kinder, Alte, Kranke) durch entsprechende sozialpolitische Gesetze geschützt?
● Beobachten Sie bitte die Anlässe zur Verabschiedung von Mitbestimmungsgesetzen und versuchen Sie, eine durchgehende Linie festzustellen.
● Was ist Mitbestimmung für Sie? Könnten Sie einem amerikanischen Kollegen das „Modell Deutschland" empfehlen?

Dokumentation 12

## MITBESTIMMUNG – ZWEI MODELLE

### Die Montan-Mitbestimmung (vereinfachte Darstellung)

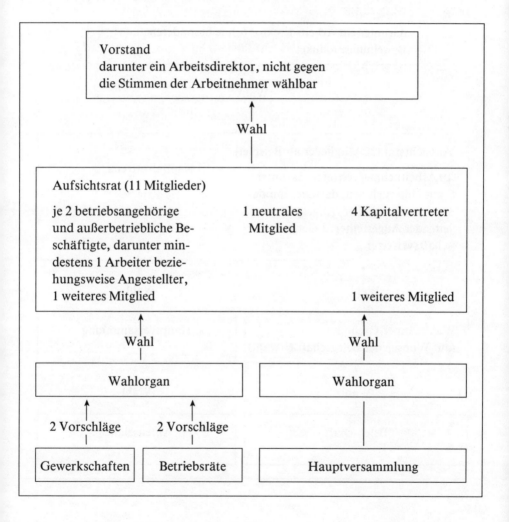

Dokumentation 12

**Mitbestimmung nach dem Mitbestimmungsgesetz**

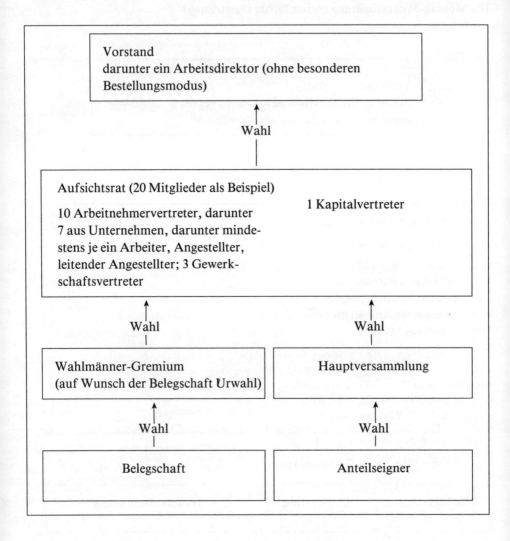

# Literatur

Abendroth, Wolfgang: Zum Begriff des demokratischen und sozialen Rechtsstaates im Grundgesetz der Bundesrepublik Deutschland. In: Aus Geschichte und Politik. Festschrift zum 70. Geburtstag von Ludwig Bergstraesser. Düsseldorf 1954, S. 279 ff.
Badura, Bernhard/Gross, Peter: Sozialpolitische Perspektiven. München 1976
Bäcker, Gerhard/Bispinck, Reinhard/Hofemann, Klaus/Naegele, Gerhard: Sozialpolitik. (2 Bde.) Köln 1989
Bede, Ulrich: Risikogesellschaft. Auf dem Weg in eine andere Moderne. Frankfurt 1986
Bell, Daniel: Die postindustrielle Gesellschaft. Frankfurt 1975
Bellermann, Martin: Sozialpolitik. In: Handwörterbuch zur politischen Kultur der Bundesrepublik (hrsg. von Martin Greiffenhagen u. a.). Opladen 1981, S. 464 ff.
ders.: Subsidiarität und Selbsthilfe. Entwicklungslinien in der Sozialstaatsdiskussion und heutige Aktualität. In: Neue Subsidiarität: Leitidee für eine zukünftige Sozialpolitik? (hrsg. von Rolf G. Heinze). Opladen 1986, S. 92 ff.
Brück, Gerhard W.: Allgemeine Sozialpolitik. Köln 1976
Bundesminister für Arbeit und Sozialordnung (Hrsg.): Soziale Sicherheit. Bonn 1986
Claessens, Dieter/Klönne, Arnold/Tschoepe, Armin: Sozialkunde der Bundesrepublik Deutschland. Reinbek 1989
Flierl, Hans: Freie und öffentliche Wohlfahrtspflege. München 1982
Fourastier, Jean: Die große Hoffnung des 20. Jahrhunderts. Köln 1954
Frerich, Johannes: Sozialpolitik. München 1987
Gerezmek, Bronislaw: Geschichte der Armut. München/Zürich 1988
Hartwich, Hans-Hermann: Sozialstaatspostulat und gesellschaftlicher Status quo. Köln 1970
Heinze, Rolf G./Hombach, Bodo/Scherf, Henning (Hrsg.): Sozialstaat 2000. Bonn 1987
Heinze, Rolf G./Olk, Thomas/Hilbert, Josef: Der neue Sozialstaat. Freiburg 1988
Hippel, Eike von: Der Schutz des Schwächeren. Tübingen 1982
Huber, Joseph: Zwischen Supermarkt und Sozialstaat: Die neue Abhängigkeit des Bürgers. In: Entmündigung durch Experten. Zur Kritik der Dienstleistungsberufe. Reinbek 1979, S. 129 ff.
Illich, Ivan: Die Enteignung der Gesundheit. Reinbek 1975

## Literatur

ders.: Entmündigende Expertenherrschaft. In: Entmündigung durch Experten. Zur Kritik der Dienstleistungsberufe. Reinbek 1979, S. 7ff.
Informationen zur politischen Bildung 215 (1987): Themenheft „Der Sozialstaat" (hrsg. von der Bundeszentrale für politische Bildung)
Lampert, Heinz: Sozialpolitik. Lehrbuch der Sozialpolitik. Berlin 1985
Lefebvre, Henry: Kritik des Alltagslebens. (2 Bde.) (1947) München 1975
Leibfried, Stephan/Tennstedt, Florian (Hrsg.): Politik der Armut und die Spaltung des Sozialstaats. Frankfurt 1985
Knight, John Mc: Professionelle Dienstleistung und entmündigende Hilfe. In: Entmündigung durch Experten. Zur Kritik der Dienstleistungsberufe. Reinbek 1979, S. 37ff.
Molitor, Bruno: Soziale Sicherung. München 1987
Müller, Burkhard: Die Last der großen Hoffnungen. Weinheim/München 1985
Neumann, Lothar F./Schaper, Klaus: Die Sozialordnung der Bundesrepublik Deutschland. Bonn 1985
Opielka, Michael/Ostner, Ilona (Hrsg.): Umbau des Sozialstaats. Essen 1987
Riedmüller, Barbara/Rodenstein, Marianne (Hrsg.): Wie sicher ist die soziale Sicherung? Frankfurt 1989
Schellhorn, Walter: Ausgewählte Fragen der Sozialhilferechts. In: Nachrichtendienste des Deutschen Vereins für öffentliche und private Fürsorge 7/1989, S. 223ff.
Schelsky, Helmut: Der selbständige und der betreute Mensch. Frankfurt 1978
Scherpner, Hans: Theorie der Fürsorge. Göttingen 1962
Scheuner, Ulrich: Die neuere Entwicklung des Rechtsstaats. In: Rechtsstaatlichkeit und Sozialstaatlichkeit. (hrsg. von Fasthoff, Ernst) Darmstadt 1968, S. 462ff.
Spinnarke, Jürgen: Soziale Sicherheit. Heidelberg 1988
Wagner, Wolf: Die nützliche Armut. Eine Einführung in Sozialpolitik. Berlin 1987
Witterstätter, Kurt: Soziale Sicherung. Eine Einführung für Sozialarbeiter/Sozialpädagogen mit Fallbeispielen. Heidelberg 1984.